KB182338

Think Data Structures

자바로 배우는 핵심 자료구조와 알고리즘

| 표지 설명 |

표지에 있는 동물은 오스트레일리아까치(영문명 Australian magpie 학명 *Cracticus tibicen*)로, 눈이 붉고 깃털은 검정과 흰색이 뚜렷이 구별됩니다. 유럽까치와 깃털이 비슷해서 유럽 이주민들이 까치라고 이름을 붙였지만, 이 두 종은 먼 친척일 뿐입니다. 주로 오스트레일리아와 뉴기니에 서식합니다.

오스트레일리아까치는 매우 영리하며 복잡하고 다양한 울음과 새소리로 유명합니다. 크기는 보통 36~43cm, 무게는 220~350g입니다. 이 새는 들판, 숲, 공원 심지어는 주거지를 포함한 다양한 곳에 서식합니다. 낮에 활발하게 활동하며, 땅에서 견과류 또는 과일을 먹거나 곤충과 벌레, 다양한 무척추동물, 도마뱀이나 쥐 같은 작은 동물을 잡아먹는 잡식성입니다.

9월과 10월에는(오스트레일리아에서는 봄) 수컷이 둥지와 새끼들을 극도로 보호하려고 해서 이른바 급습의 계절 swooping season이라는 현상이 발생합니다. 새가 행인과 자전거 타는 사람들을 공격하여 종종 머리와 얼굴에 상처를 입힙니다. 이를 예방하고자 자전거 헬멧에 가짜 눈이나 긴 줄을 달거나 우산을 가지고 다닙니다. 물론 가장 확실한 것은 새들의 둥지 근처로 가지 않는 것입니다. 집배원들도 오토바이로 새들의 경로를 이동하기 때문에 종종 까치들의 표적이 됩니다.

오라일리 책 표지에 등장하는 많은 동물은 멸종 위기에 처해 있습니다. 이들은 모두 이 세계에 중요한 존재입니다. 이 동물들을 돕고 싶다면 animals.oreilly.com을 방문해 보길 바랍니다.

표지 그림은 라이데커 Lydekker의 『왕립 자연사 Royal Natural History』에서 발췌하였습니다.

자바로 배우는 핵심 자료구조와 알고리즘 기술 면접에 필요한 실용주의 자료구조와 알고리즘

초판 1쇄 발행 2018년 6월 1일
초판 4쇄 발행 2024년 4월 2일

지은이 앨런 B. 다우니 / **옮긴이** 유동환 / **펴낸이** 전태호
펴낸곳 한빛미디어(주) / **주소** 서울시 서대문구 연희로2길 62 한빛미디어(주) IT출판2부
전화 02-325-5544 / **팩스** 02-336-7124
등록 1999년 6월 24일 제10-1779호 / **ISBN** 979-11-6224-084-7 93000

총괄 송경석 / **책임편집** 서현 / **기획·편집** 정지연 / **진행** 서현
디자인 표지 신종식 내지 김연정 조판 최송실
영업 김형진, 장경환, 조유미 / **마케팅** 박상용, 한종진, 이행은, 김선아, 고광일, 성화정, 김한솔 / **제작** 박성우, 김정우

이 책에 대한 의견이나 오탈자 및 잘못된 내용은 출판사 홈페이지나 아래 이메일로 알려주십시오.
파본은 구매처에서 교환하실 수 있습니다. 책값은 뒤표지에 표시되어 있습니다.

한빛미디어 홈페이지 www.hanbit.co.kr / **이메일** ask@hanbit.co.kr

지금 하지 않으면 할 수 없는 일이 있습니다.
책으로 펴내고 싶은 아이디어나 원고를 메일(writer@hanbit.co.kr)로 보내주세요.
한빛미디어(주)는 여러분의 소중한 경험과 지식을 기다리고 있습니다.

Think Data
Structures

자바로 배우는 핵심 자료구조와 알고리즘

O'REILLY® ⅠⅠЗ 한빛미디어
Hanbit Media, Inc.

지은이 · 옮긴이 소개

지은이 앨런 B. 다우니 Allen B. Downey

올린 공과대학교(Olin College of Engineering)의 컴퓨터공학과 교수로, 웰즐리 대학교(Wellesley College)과 콜비 대학교(Colby College), UC 버클리 대학교(UC Berkeley)에서 강의하였습니다. UC 버클리 대학교에서 컴퓨터공학 박사 학위를, MIT에서 석사와 학사 학위를 받았습니다. 이 책 외에도 『Think Stats』(2013), 『파이썬을 활용한 베이지안 통계』(2014, 이상 한빛미디어)를 집필하였습니다.

옮긴이 유동환

책 쓰는 프로그래머. 연세대학교 정보대학원에서 경영정보학을 전공한 후 LG전자에서 안드로이드 앱을 개발하였습니다. 최근에는 선행플랫폼개발팀으로 자리를 옮겨 차세대 모바일 기술 프로젝트를 진행하고 있습니다. 자바카페와 한국자바개발자협의회(JCO)의 초기 멤버로 수년간 활동하였습니다.

집필한 책으로는 『안드로이드를 위한 Gradle』(2016)과 『RxJava 프로그래밍』(공저, 2017, 이상 한빛미디어)이 있고, 번역한 책으로는 『Professional Java Web Services』(2002, 정보문화사)와 『그레이들 레시피』(2016), 『Java 9 모듈 프로그래밍』(2018, 이상 한빛미디어)가 있습니다.

운영 중인 블로그와 페이스북 그룹

- 유동의 브런치 https://brunch.co.kr/@yudong
- 책쓰는 프로그래머 협회 https://www.facebook.com/groups/techbookwriting
- 리액티브 프로그래밍 입문 https://www.facebook.com/groups/rxbasic
- 자바 모듈 프로그래밍 https://www.facebook.com/groups/javamodule
- 데이터 분석 스터디 https://www.facebook.com/groups/dastudy

옮긴이의 말

"자료구조를 왜 배워야 하는지 모르겠다!" 얼마 전 생활코딩 페이스북 그룹에 한 컴퓨터공학과 2학년 학생이 이 글을 올렸고 이에 대해 활발히 댓글이 이어졌습니다. 대세는 개발 실무에서 자료구조와 알고리즘에 대한 지식이 꼭 필요하다는 것이었습니다. 한편 일부 프로그래머는 몇 년간 실무 프로젝트를 경험하였지만, 자료구조를 사용한 적이 없다는 댓글도 있었습니다.

어떤 말이 맞을까요? 이 책은 자료구조와 알고리즘에 대한 내용을 설명하기 위해 문제 풀이 형식으로 구성되어 있습니다. 십여 개의 실습을 통해 자바 언어에서 기본으로 제공하는 자료구조인 자바 컬렉션 프레임워크(Java Collections Framework, JCF)의 주요 클래스를 중심으로 개념을 학습하고 시간 복잡도를 분석하고 성능을 측정해 봅니다. 때로는 성능 개선에 대해서도 알려 줍니다.

자료구조와 알고리즘에 대한 이해는 소프트웨어의 품질을 높이는 아주 기본적인 작업입니다. 요즘은 빅데이터와 클라우드가 있고 이미 검증된 수많은 DBMS가 있지만, 단지 활용만 해서는 원하는 품질을 얻기 힘듭니다. 내가 잘 만들고 있는지, 이미 구현된 레거시 소프트웨어의 병목은 무엇인지 분석하려면 학부 과정에서 배우는 자료구조와 알고리즘이 단단한 기본기가 되기 때문입니다. 졸업하고 나면 세부 내용은 모두 잊히겠지만, 머릿속 어딘가에는 남아 다시 떠올리게 됩니다.

이 책은 한 번에 후루룩 읽기에는 꽤 압축적인 내용을 담고 있습니다. 꼭 설명해야 할 내용은 본문에서 충분히 설명하지만, 그 외 부가적인 내용은 과감하게 외부 링크를 제공합니다. 실습 과제를 먼저 제공하고 그다음 장에서 바로 필자의 해답을 제시하기 때문에 부담을 가질 필요는 없습니다. 끝까지 읽는다면 큰 도움이 된다고 확신합니다.

집필 한 권을 포함하여 무려 네 권의 책에서 호흡을 맞춘 한빛미디어 정지연 차장님과 주말에 글 쓰고 번역하느라 잘 못 놀아주는데도 묵묵히 응원하는 사랑하는 아내 지영에게 감사한 마음을 전합니다.

유동환

이 책에 대하여

이 책에 담긴 철학

자료구조와 알고리즘은 지난 50년간 가장 중요한 발명품의 하나이며 소프트웨어 엔지니어가 알아야 할 기본적인 도구입니다. 하지만 필자가 보기에 이 주제에 관한 대부분 책은 너무 이론적이고 지나치게 두꺼우며 과도하게 상향식(bottom up)입니다.

너무 이론적이다

알고리즘의 수학적 분석은 실제로 그것의 유용성을 제한할 만큼 단순화한 가정에 기반을 둡니다. 이 주제에 관한 많은 문헌은 단순화는 얼버무리고 수학에 초점을 맞춥니다. 이 책에서는 가장 실용적인 부분을 제시하고 나머지는 빼거나 중요성을 낮추었습니다.

지나치게 두껍다

이 주제의 책 대부분은 적어도 500쪽 정도 되고 어떤 책은 1000쪽에 육박합니다. 이 책은 소프트웨어 개발자에게 가장 유용한 주제들에 초점을 맞추어 분량을 매우 줄였습니다.

과도하게 상향식이다

많은 자료구조 책은 자료구조가 어떻게 동작(구현사항)하는지에 초점을 맞추고 어떻게 활용(인터페이스)하는지에 대해서는 소홀합니다. 이 책에서는 인터페이스로 시작하여 하향식(top down)으로 접근합니다. 독자는 자바 컬렉션 프레임워크에 있는 구조들이 어떻게 동작하는지 세부 사항을 알아보기 전에 이들을 사용하는 방법을 먼저 배웁니다.

마지막으로 어떤 책들은 맥락이 없거나 동기 부여를 하지 못합니다. 단지 끊임없이 다른 자료구조를 소개할 뿐이죠. 이 책은 웹 검색이라는 응용 분야에 주제를 집중시켰습니다. 이 분야는 자료구조를 광범위하게 사용하며 그 자체로 흥미롭고 중요한 주제이기 때문입니다.

이 분야는 레디스(Redis)를 활용한 영속적 자료구조(persistant data structure)처럼 자료구조 입문 단계에서는 소개하지 않는 몇 가지 주제를 다룹니다.

어떤 주제를 버려야 할지 많은 고민을 하였지만 적당한 선에서 타협하였습니다. 대부분 독자가 사용할 리 없는 몇 가지 주제를 포함하였지만, 이 주제들은 기술 인터뷰에서는 필요한 내용입니다. 이 주제들에 대해서는 전통적인 정답뿐만 아니라 회의적인 필자의 견해도 넣었습니다.

이 책은 또한 버전 관리와 유닛 테스트 같은 소프트웨어 엔지니어링 실무에 관한 기본적인 내용도 다룹니다. 대부분 장에는 독자들이 배운 것을 적용해볼 수 있는 예제가 있습니다. 각 예제는 해답을 확인할 수 있는 자동화된 테스트도 제공합니다. 더 많은 연습을 위해 다음 장의 시작부에 해답을 제시합니다.

사전 준비사항

이 책은 컴퓨터과학 분야의 대학생뿐만 아니라 소프트웨어공학 전문가와 소프트웨어공학을 훈련 중이거나 기술 면접을 준비하는 사람들에게도 유용합니다.

이 책을 시작하기에 앞서 자바를 어느 정도 알고 있어야 합니다. 특히 기존 클래스를 확장하거나 인터페이스를 구현하는 새로운 클래스를 정의할 수 있어야 합니다. 자바 언어가 익숙하지 않다면 다음 두 책을 참고하세요

- **Think Java**(2016, 오라일리) 프로그래밍을 전혀 해보지 않은 사람을 위한 책입니다.
- **Head First Java**(2005, 한빛미디어) 이미 다른 언어를 알고 있는 사람을 대상으로 합니다.

자바 인터페이스에 익숙하지 않다면 "인터페이스란 무엇인가?"(http://thinkdast.com/interface)라는 튜토리얼을 참고하시기 바랍니다.

여기서 참고로, '인터페이스'라는 단어는 혼동을 줄 수 있습니다. 응용 프로그래밍 인터페이스(application programming interface, API)의 맥락에서는 어떤 기능성을 제공하는 클래스나 메서드의 의미입니다. 자바의 맥락에서는 언어의 기능으로, 클래스와 유사하게 어떤 메서드 집합을 명시합니다. 혼동을 피하고자 일반적인 언어로의 인터페이스는 인터페이스로, 자바 언어에 대한 인터페이스는 interface로 표기합니다.

타입 파라미터와 제네릭 타입에 익숙해야 합니다. 예를 들어, 타입 파라미터를 사용하는 ArrayList〈Integer〉와 같은 객체를 생성할 줄 알아야 합니다. 잘 모르거나 익숙하지 않다면 http://thinkdast.com/types 페이지를 참고하세요.

자바 컬렉션 프레임워크에 익숙해야 합니다. 자세한 내용은 http://thinkdast.com/collections을 참고하세요. 특히 List 인터페이스와 ArrayList, LinkedList 클래스를 알아야 합니다.

자바를 위한 자동화 빌드 도구인 아파치 앤트Ant에 익숙해야 합니다. 자세한 내용은 http://thinkdast.com/anttut를 참고하세요.

자바 언어를 위한 유닛 테스트 프레임워크인 JUnit도 알아야 합니다. 자세한 내용은 http://thinkdast.com/junit을 참고하세요.

예제 코드

이 책의 예제 코드는 깃Git 저장소인 https://github.com/yudong80/ThinkDataStructures 에 있습니다.

깃은 버전 관리 시스템으로, 프로젝트를 이루는 파일들을 버전별로 추적할 수 있습니다. 깃의 통제하에 있는 파일 모음을 저장소(repository)라고 부릅니다.

깃헙GitHub은 깃 저장소를 위한 공간과 편리한 웹 인터페이스를 제공하는 호스팅 서비스입니다. 코드로 작업할 때는 다음과 같은 방법을 제공합니다.

- [Fork] 버튼을 눌러 깃헙 저장소의 사본을 생성할 수 있습니다. 깃헙 계정이 없다면 계정을 새로 생성해야 합니다. 분기(fork) 후에는 여러분이 작성한 코드를 추적하는 자신만의 저장소를 만들 수 있습니다. 그리고 저장소를 복제(clone)하여 개인 컴퓨터로 다운로드할 수 있습니다.
- 분기하지 않고도 저장소를 복제할 수 있습니다. 이럴 때는 깃헙 계정이 필요하지 않습니다. 하지만 깃헙에 나만의 변경사항을 저장할 수 없습니다.
- 깃을 전혀 사용하지 않으려면 깃헙 페이지에서 [Download ZIP] 버튼을 눌러 ZIP 파일을 다운로드하거나 https://github.com/yudong80/ThinkDataStructures/archive/master.zip을 클릭하세요.

저장소를 복제하거나 ZIP 파일의 압축을 풀면 ThinkDataStructures 폴더와 하위에 code라는 폴더를 볼 수 있습니다.

이 책의 예제는 자바 7로 개발되었습니다. 자바 7보다 하위 버전을 사용한다면 몇몇 예제는 동작하지 않을 수 있습니다. 이보다 최신 버전에서는 잘 동작합니다.

옮긴이 NOTE_
저자의 예제 저장소는 IDE를 다루고 있지 않습니다. 따라서 최신 자바 IDE인 인텔리제이 IDEA 기반의 프로젝트를 제공하고자 별도의 폴더를 추가하였습니다. 실무에서는 그레이들 기반의 자바 프로젝트를 사용하므로 그레이들 기반의 프로젝트를 생성하여 필요한 외부 라이브러리도 자동으로 다운로드하게 하였습니다. 필요에 따라 저장소의 예제를 선택하시면 됩니다.

- https://github.com/yudong80/ThinkDataStructures
- https://github.com/yudong80/ThinkDataStructures/archive/master.zip

저장소 폴더 구성
- **/code** 실습용 코드(Ant 활용)
- **/solutions** 해답 코드(Ant 활용)
- **/intellij/code** 실습용 코드(인텔리제이 IDEA 프로젝트)
- **/intellij/solutions** 해답 코드(인텔리제이 IDEA 프로젝트)

감사의 말

이 책은 뉴욕에 있는 플랫아이언 스쿨Flatiron School의 교육과정을 위한 개정판입니다. 플랫아이언 스쿨은 프로그래밍과 웹 개발 관련 다양한 온라인 강의를 제공하며 이 책을 바탕으로 한 강의도 있습니다. 온라인 개발 환경을 제공하며 교수와 다른 학생들에게 도움을 받을 수 있고 수료증도 나옵니다. 자세한 내용은 http://flatironschool.com을 참고하세요.

- 플랫아이언 스쿨의 조 버제스Joe Burgess와 안 존Ahn John, 찰스 플래처Charles Pletcher는 구현과 테스트 분야에서 아낌없는 지도와 조언, 교정을 해주었습니다. 모두 감사합니다.
- 기술 감수를 맡아준 베리 위트먼Barry Whitman와 패트릭 와이트Patrick White, 크리스 메이필드Chris Mayfield는 도움이 되는 많은 제안과 수많은 오류를 잡아주었습니다. 물론 남아있는 오류는 모두 필자의 몫입니다.
- 올린 공과대학 자료구조와 알고리즘 수업의 교수와 학생들이 이 책을 읽고 유용한 피드백을 주었습니다.
- 찰스 로우멜리오티스Charles Roumeliotis는 오라일리 출판사의 편집자이고 원고 개선을 위해 많은 수고를 해주셨습니다.

이 책에 대한 의견이나 아이디어가 있으면 feedback@greenteapress.com으로 메일을 보내주세요.

CONTENTS

CHAPTER **1** 인터페이스

CHAPTER **2** 알고리즘 분석

CHAPTER **3** ArrayList 클래스

CHAPTER **17** **정렬**

인터페이스

이 책은 다음 세 가지 주제를 다룹니다.

- **자료구조**
  자바 컬렉션 프레임워크Java Collections Framework, JCF 구조로 시작하여 리스트, 맵과 같은 자료구조를 사용하는 방법과 이들이 어떻게 동작하는지를 알아봅니다.

- **알고리즘 분석**
  코드를 분석하고 이 코드가 얼마나 빨리 동작하는지와 얼마나 많은 공간(메모리)이 필요한지를 예측해 봅니다.

- **정보 검색**
  앞의 두 주제에 동기를 부여하고 예제가 더욱 흥미롭도록 자료구조와 알고리즘을 활용하여 간단한 웹 검색 엔진을 만들어 봅니다.

이 세 가지 주제를 다음 흐름으로 다룹니다.

- List 인터페이스로 시작하여 두 가지 방식으로 이 인터페이스를 구현하는 클래스를 작성합니다. 그다음 ArrayList와 LinkedList 클래스로 작업한 구현을 서로 비교합니다.

- 트리 모양의 자료구조를 소개하고 첫 번째 응용 프로그램을 만듭니다. 위키피디아Wikipedia 페이지를 읽어와 내용을 파싱하고 결과 트리에서 링크와 다른 기능들을 찾는 프로그램입니다. 이러한 도구들을 사용하여 '철학으로 가는 길Getting to Philosophy' 추측을 테스트합니다. 자세한 내용은 http://thinkdast.com/getphil을 참고하세요.

- Map 인터페이스와 자바의 HashMap 구현을 알아봅니다. 그리고 나서 해시 테이블과 이진 탐색 트리를 사용하여 이 인터페이스를 구현하는 클래스를 작성합니다.

- 마지막으로 앞의 클래스를 사용하여 (그 중간에 추가할 몇 가지 다른 클래스를 포함하여) 웹 검색 엔진을 만들어 봅니다. 이 검색 엔진은 페이지를 찾고 읽는 크롤러crawler와 효율적으로 찾을 수 있도록 웹 페이지 내용을 저장하는 인덱서indexer, 사용자의 질의를 받아서 연관 결과를 가져오는 검색기retriever를 포함합니다.

1.1 리스트가 두 종류인 이유

JCF를 사용하다 보면 종종 ArrayList와 LinkedList 클래스를 혼동합니다. 왜 자바는 List 인터페이스에 두 가지 구현을 제공할까요? 둘 중에서 어느 것을 선택해야 할까요? 다음 몇 장에 걸쳐 이에 대한 답을 알아봅니다.

interface와 이를 구현하는 클래스를 살펴보고 인터페이스 프로그래밍 개념에 대해 알아봅니다.

처음 몇 가지 예제에서 ArrayList, LinkedList와 유사한 클래스를 구현합니다. 따라서 이들의 동작 방법과 각각의 장단점을 알게 됩니다. 어떤 동작은 ArrayList가 빠르거나 저장 공간을 적게 사용하고 다른 상황에서는 LinkedList가 빠르거나 메모리 사용량이 적습니다. 어느 것이 더 좋을지는 수행하는 동작에 달려 있습니다.

1.2 자바 interface

자바 interface는 메서드 집합을 의미합니다. 이 interface를 구현하는 클래스는 이러한 메서드를 제공해야 합니다. 예를 들어, java.lang 패키지에 정의된 Comparable interface의 소스 코드는 다음과 같습니다.

```
public interface Comparable<T> {
    public int compareTo(T o);
}
```

이 interface는 타입 파라미터인 T를 사용하여 Comparable이라는 제네릭 타입을 정의합니다. 이 interface를 구현하려면 클래스는 다음과 같아야 합니다.

- T 타입을 명시해야 합니다.
- T 타입의 객체를 인자로 받고 int를 반환하는 compareTo( ) 메서드를 제공해야 합니다.

예를 들어, java.lang.Integer 클래스의 소스 코드는 다음과 같습니다.

```
public final class Integer extends Number implements Comparable<Integer> {
```

```
    public int compareTo(Integer anotherInteger) {
        int thisVal = this.value;
        int anotherVal = anotherInteger.value;
        return (thisVal<anotherVal ? -1 : (thisVal==anotherVal ? 0 : 1));
    }

    // 다른 메서드 생략
}
```

이 클래스는 Number 클래스를 확장합니다. Number 클래스의 메서드와 인스턴스 변수를 상속하고 Comparable<Integer> 인터페이스를 구현합니다. 따라서 Integer 객체를 인자로 받고 int를 반환하는 compareTo 메서드를 제공합니다.

클래스가 interface를 구현한다고 선언하면 컴파일러는 interface가 정의한 모든 메서드를 제공하는지 확인합니다.

한편, compareTo() 메서드를 구현할 때 종종 ?: 형식으로 쓰인 삼항 연산자^{ternary operator}를 사용합니다. 자세한 내용은 http://thinkdast.com/ternary를 참고하세요

1.3 List interface

JCF는 List라는 interface를 정의하고 ArrayList와 LinkedList라는 두 구현 클래스를 제공합니다.

interface는 List가 된다는 의미가 무엇인지를 정의합니다. 이 interface를 구현하는 클래스는 add, get, remove와 약 20가지 메서드를 포함한 특정 메서드 집합을 제공해야 합니다.

ArrayList와 LinkedList 클래스는 이러한 메서드를 제공하므로 상호교환할 수 있습니다. List로 동작하는 메서드는 ArrayList와 LinkedList 또는 List를 구현하는 어떤 객체와도 잘 동작합니다.

다음은 이러한 내용을 보여주는 예제 코드입니다(파일명: ListClientExample.java).

```
public class ListClientExample {
    private List list;
```

```
    public ListClientExample() {
        list = new LinkedList();
    }

    private List getList() {
        return list;
    }

    public static void main(String[] args) {
        ListClientExample lce = new ListClientExample();
        List list = lce.getList();
        System.out.println(list);
    }
}
```

ListClientExample 클래스는 유용한 동작을 하지 않지만, List를 캡슐화하는 클래스의 필수 요소를 가지고 있습니다. 즉, List형의 인스턴스 변수를 가지고 있습니다. 여기서는 이 클래스로 첫 번째 실습을 해보겠습니다.

ListClientExample 클래스의 생성자는 새로운 LinkedList 객체를 만들어 리스트를 초기화합니다. getList 메서드는 게터 메서드로 List 객체에 대한 참조를 반환합니다. main 메서드는 이 메서드들을 테스트하는 몇 줄의 코드를 포함합니다.

이 예제에서 중요한 내용은 필요한 경우가 아니면 LinkedList나 ArrayList 같은 구현 클래스를 사용하지 않고 가능한 한 List 인터페이스를 사용한다는 점입니다. 예를 들어, 인스턴스 변수는 List 인터페이스로 선언하고 getList 메서드도 List형을 반환하지만 구체적인 클래스는 언급하지 않습니다.

마음을 바꿔 ArrayList 클래스를 사용하고자 한다면 생성자만 바꾸면 되고 그 외에는 그대로 두면 됩니다.

이러한 스타일을 인터페이스 기반 프로그래밍interface-based programming 또는 간단하게 인터페이스 프로그래밍이라고 합니다(http://thinkdast.com/interbaseprog 참조). 여기서 인터페이스는 자바 interface가 아닌 일반적인 개념의 인터페이스를 말합니다.

라이브러리를 사용할 때 코드는 오직 List와 같은 인터페이스만 의존하고 ArrayList 클래스와 같은 특정 구현에 의존해서는 안 됩니다. 이러한 방식으로 하면 나중에 구현이 변경되어도 인터페이스를 사용하는 코드는 그대로 사용할 수 있습니다.

반면에 인터페이스가 변경되면 인터페이스를 의존하는 코드는 변경되어야 합니다. 이것이 꼭 필요한 일이 아니면 라이브러리 개발자가 인터페이스를 변경하지 않는 이유입니다.

1.4 실습 1

첫 번째 실습이므로 간단하게 하겠습니다. 앞 절의 코드를 가져와서 구현만 바꿉니다. 즉, LinkedList를 ArrayList 클래스로 교체합니다. 코드는 인터페이스로 프로그래밍하므로 한 줄만 변경하고 import 문만 추가하면 됩니다.

먼저 개발 환경을 설정합니다. 모든 실습을 위해 자바 코드를 컴파일하고 실행할 수 있어야 합니다. 이 책의 코드는 자바 7로 개발하였습니다. 이보다 더 최신 버전에서는 잘 동작하지만, 하위 버전이라면 일부 코드가 동작하지 않을 수 있습니다.

문법 체크와 자동 완성, 소스 코드 리팩토링 기능을 제공하는 통합 개발 환경interactive development environment, IDE 사용을 권장[1]합니다. 이러한 기능은 오류를 피하거나 즉시 발견할 수 있게 도와줍니다. 하지만 기술 면접에서는 이러한 도구가 제공되지 않습니다. 따라서 이러한 도구 없이도 코딩할 수 있어야 합니다.

이 책의 예제 코드를 아직 다운로드하지 않았다면 8쪽 **예제 코드**에서 설명한 내용을 참고하기 바랍니다.

code 디렉터리에는 다음과 같은 파일과 디렉터리가 있습니다.

- **build.xml** 코드를 컴파일하고 실행하는 앤트Ant 파일입니다.
- **lib** 필요한 라이브러리가 들어 있습니다.
- **src** 소스 코드가 들어 있습니다.

src/com/allendowney/thinkdast 디렉터리에서 실습 1에 대한 코드를 찾을 수 있습니다.

- **ListClientExample.java** 앞 절의 예제 코드입니다.
- **ListClientExampleTest.java** ListClientExample 클래스에 대한 JUnit 코드입니다.

---

[1] 옮긴이주_역자가 제공하는 깃헙 예제 저장소의 intellij 폴더는 인텔리제이IntelliJ IDEA 기반의 프로젝트를 제공합니다.

ListClientExample 코드를 보고 이해할 수 있는지 확인해 보세요. 그다음 컴파일하고 실행해 봅니다. 앤트를 사용한다면 code 디렉터리로 가서 ant ListClientExample 명령을 실행합니다. 아마도 다음과 같은 경고를 볼 수 있습니다.

```
List is a raw type. References to generic type List<E> should be parameterized.
```

예제를 단순하게 하려고 List의 요소 타입을 명시하지 않았습니다. 이 경고가 귀찮다면 List 나 LinkedList 선언부 각각을 List〈Integer〉나 LinkedList〈Integer〉 변경하면 됩니다.

ListClientExampleTest 클래스를 살펴보겠습니다. 한 가지 테스트를 실행하는데, List ClientExample 클래스의 getList 메서드를 실행하여 이 메서드의 반환형이 ArrayList 클래스인지 확인합니다. 처음에는 ArrayList가 아닌 LinkedList 클래스를 반환하므로 테스트에 실패합니다. 이 테스트 코드를 실행하여 실패하는지 확인하세요.

NOTE_ 이 테스트가 이 실습에는 적합하지만, 좋은 테스트 코드는 아닙니다. 좋은 테스트라면 대상 클래스 가 인터페이스 요구사항을 충족하는지 확인해야 하고 구현 세부사항에 의존해서는 안 됩니다.

ListClientExample 클래스에서 LinkedList 클래스를 ArrayList 클래스로 대체하고 import 문을 추가합니다. ListClientExample 클래스를 컴파일하고 실행합니다. 그리고 다시 테스트 코드를 실행합니다. 이 변경으로 테스트는 성공합니다.

이 테스트를 통과하고자 생성자에서 LinkedList 객체 생성 부분만 변경하였고 List가 있는 선언 부분은 변경하지 않았습니다. 선언 부분을 변경한다면 어떻게 될까요? 하나 이상의 List 부분을 ArrayList로 변경해 보세요. 프로그램은 여전히 정상 동작하지만, 이것은 '과다 지정 overspecified'입니다. 나중에 다시 인터페이스로 돌아가려면 더 많은 코드를 수정해야 할 수도 있습니다.

ListClientExample 클래스의 생성자에서 ArrayList 객체를 List 인터페이스로 교체하면 어떤 일이 일어날까요? 왜 List 인터페이스로는 인스턴스가 생성되지 않을까요?

CHAPTER 2

알고리즘 분석

앞 장에서 보았듯이 자바는 List 인터페이스의 구현 클래스로 ArrayList와 LinkedList 클래스를 제공합니다. 어떤 응용 프로그램에서는 LinkedList 클래스가 빠르고 다른 응용 프로그램에서는 ArrayList 클래스가 빠릅니다.

어떤 응용 프로그램에 어느 클래스가 더 좋을지 결정하는 한 가지 방법은 둘 다 시도해 보고 각각 얼마나 걸리는지 알아보는 것입니다. 이러한 접근법을 프로파일링profiling이라고 하는데, 여기에는 몇 가지 문제점이 있습니다.

1. 알고리즘을 비교하려면 사전에 그것을 모두 구현해봐야 합니다.

2. 결과는 사용하는 컴퓨터의 성능에 의존합니다. 한 알고리즘이 어떤 컴퓨터에서는 더 좋을 수 있지만, 다른 알고리즘은 다른 컴퓨터에서 더 좋을 수도 있습니다.

3. 결과는 문제 크기나 입력으로 사용하는 데이터에 의존하기도 합니다.

알고리즘 분석analysis of algorithm을 사용하여 이러한 문제점을 해결할 수 있습니다. 알고리즘 분석은 그것을 구현하지 않고도 알고리즘을 비교할 수 있게 합니다. 하지만 몇 가지 가정을 해야만 합니다.

1. 컴퓨터 하드웨어의 세부사항을 다루지 않기 위해 보통 알고리즘을 이루는 더하기와 곱하기, 숫자 비교 등의 기본 연산을 식별합니다. 그리고 각 알고리즘에 필요한 연산 수를 셉니다.

2. 입력 데이터의 세부사항을 다루지 않으려면 가장 좋은 선택은 기대하는 입력 데이터에 대한 평균 성능을 분석하는 것입니다. 이것이 가능하지 않을 때는 일반적인 대안으로 최악의 시나리오를 분석하기도 합니다.

3. 마지막으로, 한 알고리즘이 작은 문제에서는 최상의 성능을 보이지만 큰 문제에서는 다른 알고리즘이 더 좋을 수 있다는 가능성을 배제하면 안 됩니다. 이때는 보통 큰 문제에 초점을 맞춥니다. 작은 문제에서는 알고리즘의 차이가 크지 않지만, 큰 문제에서는 그 차이가 훨씬 거대해질 수 있기 때문입니다.

이러한 종류의 분석은 간단한 알고리즘 분류에 적합합니다. 예를 들어, 알고리즘 A의 실행시간이 입력 n의 크기에 비례하고 알고리즘 B는 n^2에 비례하는 경향이 있다면 적어도 n의 값이 클 때는 A가 B보다 빠르다고 기대합니다.

대부분 간단한 알고리즘은 다음 몇 가지 범주로 나뉩니다.

- **상수 시간**
  실행시간이 입력 크기에 의존하지 않으면 알고리즘은 상수 시간constant time을 따른다고 합니다. 예를 들어, n개의 배열에서 브래킷 연산([ ])을 사용하여 요소 중 하나에 접근할 때 이 연산은 배열의 크기와 관계없이 같은 수의 동작을 수행합니다.

- **선형**
  실행시간이 입력의 크기에 비례하면 알고리즘은 선형linear이라고 합니다. 예를 들어, 배열에 있는 요소를 더한다면 n개 요소에 접근하여 n−1번 더하기 연산을 해야 합니다. 연산(요소 접근과 더하기)의 총 횟수는 2n−1이고 n에 비례합니다.

- **이차**
  실행시간이 n^2에 비례하면 알고리즘은 이차quadratic라고 합니다. 예를 들어, 리스트에 있는 어떤 요소가 두 번 이상 나타나는지를 알고 싶다고 가정합시다. 간단한 알고리즘은 각 요소를 다른 모든 요소와 비교하는 것입니다. n개의 요소가 있고 각각 n−1개의 다른 요소와 비교하면 총 비교 횟수는 $n^2 - n$이 되어 n이 커지면서 n^2에 비례하게 됩니다.

2.1 선택 정렬

예를 들어, 다음은 선택 정렬selection sort이라는 간단한 알고리즘(http://thinkdast.com/selectsort 참조)의 구현입니다(파일명: SelectionSort.java).

```
public class SelectionSort {

    /**
     * i와 j의 위치에 있는 값을 바꿉니다.
     */
    public static void swapElements(int[] array, int i, int j) {
        int temp = array[i];
        array[i] = array[j];
        array[j] = temp;
    }

    /**
     * start로부터 시작하는 최솟값의 위치를 찾고(start 포함)
     * 배열의 마지막 위치로 갑니다.
     */
    public static int indexLowest(int[] array, int start) {
        int lowIndex = start;
        for (int i = start; i < array.length; i++) {
            If (array[i] < array[lowIndex]) {
                lowIndex = i;
            }
        }
        return lowIndex;
    }

    /**
     * 선택 정렬을 사용하여 요소를 정렬합니다.
     */
    public static void selectionSort(int[] array) {
        for (int i = 0; i < array.length; i++) {
            int j = indexLowest(array, i);
            swapElements(array, i, j);
        }
    }
}
```

첫 번째 메서드 swapElements는 배열에 있는 두 요소의 값을 바꿉니다. 요소를 읽고 쓰는 것은 상수 시간 연산입니다. 요소의 크기와 첫 번째 위치를 알고 있다면 한 번의 곱셈과 덧셈으로 어떤 요소의 위치라도 알 수 있기 때문입니다. 따라서 이들은 상수 시간 연산입니다. swapElements 메서드에 있는 모든 연산이 상수 시간이므로 전체 메서드는 상수 시간이 됩니다.

두 번째 메서드 indexLowest는 주어진 위치인 start에서 시작하여 배열에 있는 가장 작은 요소의 인덱스를 찾습니다. 반복문을 돌 때마다 배열의 두 요소에 접근하고 한 번의 비교 연산을 합니다. 이들은 모두 상수 시간 연산이므로 어느 것을 세든지 중요하지 않습니다. 간단하게 비교 횟수를 세겠습니다.

1. start 인자가 0이면 indexLowest 메서드는 전체 배열을 검색하고 전체 비교 횟수는 배열의 길이인 n이 됩니다.

2. start 인자가 1이면 비교 횟수는 n−1이 됩니다.

3. 일반적으로 비교 횟수는 n−start가 되어 indexLowest 메서드는 선형이 됩니다.

세 번째 메서드 selectionSort는 배열을 정렬합니다. 0에서 n−1까지 반복하므로 n번 반복 실행됩니다. 매번 indexLowest 메서드를 호출한 후 상수 시간 연산인 swapElements 메서드를 실행합니다.

indexLowest 메서드가 처음 호출되면 n번 비교 연산을 합니다. 두 번째는 n−1번 비교 연산을 합니다. 이렇게 하였을 때 총 비교 횟수는 $n + n{-}1 + n{-}2 + \cdots + 1 + 0$입니다.

이 수열의 합은 $n(n+1)/2$이고 n^2에 비례합니다. 이것은 selectionSort 메서드가 이차라는 것을 의미합니다.

다른 방법으로 같은 결과를 얻으려면 indexLowest 메서드를 중첩된 반복문으로 생각할 수 있습니다. indexLowest 메서드를 호출할 때마다 연산 횟수는 n에 비례합니다. 이를 n번 호출하므로 결과적으로 총 연산 횟수는 n^2에 비례하게 됩니다.

2.2 빅오 표기법

모든 상수 시간 알고리즘은 $O(1)$이라는 집합에 속합니다. 따라서 어떤 알고리즘이 상수 시간임을 다르게 말하고 싶다면 그것이 $O(1)$에 있다고 말하면 됩니다. 마찬가지로 모든 선형 알고리즘은 $O(n)$에 속하며 모든 이차 알고리즘은 $O(n^2)$에 속합니다. 이렇게 알고리즘을 분류하는 방식을 빅오 표기법^{big O notation}이라고 합니다.

이 표기법은 알고리즘을 작성할 때 알고리즘이 어떻게 동작하는지에 관한 일반적인 법칙을 표현하는 간편한 방법을 제공합니다.

예를 들어, 상수 시간 알고리즘에 이어 선형 시간 알고리즘을 수행하면 총 실행시간은 선형이 됩니다. 이를 '~의 요소'라는 의미의 $\in$ 기호를 사용하여 표현하면 $f \in O(n)$고 $g \in O(1)$면 $f + g \in O(n)$가 됩니다.

두 개의 선형 연산을 수행하면 합은 여전히 선형입니다. 이를 빅오 표기법으로 표현하면 $f \in O(n)$고 $g \in O(n)$면 $f + g \in O(n)$가 됩니다.

사실 k가 n에 의존하지 않는 상수인 한 선형 연산을 k번 수행하면 합은 선형입니다. 이를 빅오 표기법으로 표현하면 $f \in O(n)$고 k가 상수라면 $kf \in O(n)$가 됩니다.

하지만 선형 연산을 n번 반복하면 결과는 이차가 됩니다. 이를 빅오 표기법으로 표현하면 $f \in O(n)$이면 $nf \in O(n^2)$가 됩니다.

일반적으로 n의 가장 큰 지수만 신경 쓰기 때문에 총 연산 횟수가 $2n + 1$이라면 실행시간은 $O(n)$입니다. 선행 상수 2와 덧셈 항 1은 이러한 종류의 분석에서 중요하지 않습니다. 마찬가지로 $n^2 + 100n + 1000$도 $O(n^2)$이 됩니다. 큰 숫자에 현혹되지 마세요!

증가 차수$^{order\ of\ growth}$는 같은 개념의 다른 이름입니다. 증가 차수는 실행시간이 같은 빅오 범주에 해당하는 알고리즘 집합입니다. 예를 들어, 모든 선형 알고리즘은 실행시간이 $O(n)$에 있으므로 같은 증가 차수에 속합니다.

이 문맥에서 차수^{order}는 집단의 의미로, 원탁의 기사단$^{Order\ of\ the\ Knights\ of\ the\ Round\ Table}$처럼 기사들의 집단을 가리키지 그들의 순서를 말하는 것이 아닙니다. 따라서 선형 알고리즘 차수$^{Order\ of\ Linear\ Algorithm}$는 용감하고 예의 바르고 특히 효율적인 알고리즘 집합으로 생각하면 됩니다.

2.3 실습 2

이번 실습에서는 자바 배열을 사용하여 요소를 저장하는 List 인터페이스를 구현합니다. 이 책의 코드 저장소(8쪽 **예제 코드** 참고)에는 예제 소스 파일이 있습니다.

- **MyArrayList.java**
  이 파일에 List 인터페이스를 일부 구현하였습니다. 4개의 메서드가 불완전하니 이들을 채우면 됩니다.
- **MyArrayListTest.java**
  여러분의 작업을 테스트할 수 있는 JUnit 테스트 클래스가 들어 있는 파일입니다.

또한, 앤트 빌드 파일인 build.xml 파일도 있습니다. code 디렉터리에서 ant MyArrayList 명령을 실행하여 몇 개의 테스트를 포함한 MyArrayList 클래스를 실행할 수 있습니다. 또는 ant MyArrayListTest 명령을 실행하여 JUnit 테스트를 실행할 수도 있습니다.

테스트를 실행하면 일부는 실패하게 됩니다. 소스 코드를 살펴보면 채워 넣어야 할 메서드를 나타내는 4개의 TODO 주석이 있습니다. 코드를 수정하려면 이 TODO 주석에 내용을 채워 넣습니다.

빠진 메서드를 채우기 전에 일부 코드를 살펴보겠습니다. 다음은 클래스 정의와 인스턴스 변수, 생성자입니다(파일명: MyArrayList.java).

```
public class MyArrayList<E> implements List<E> {
    int size;           // 요소의 개수를 추적합니다
    private E[] array   // 요소를 저장합니다

    public MyArrayList() {
        array = (E[]) new Object[10];
        size = 0;
    }
}
```

주석문이 알려 주듯이 size 변수는 MyArrayList 클래스의 요소 개수를 추적하고, array 변수는 실제로 그 요소들을 저장하는 배열을 의미합니다. 생성자는 초기값이 null이고 10개 요소를 갖는 배열을 생성하며, size 변수는 0으로 설정합니다. 대부분 시간 동안 배열의 크기는 size 변수보다 크기 때문에 배열에는 사용하지 않는 슬롯이 있습니다.

이러한 제약을 해결하려면 Object의 배열로 초기화하고 형변환$^{type\ casting}$을 해야 합니다. 이 문제에 관해서는 http://thinkdast.com/generics를 참고하세요.

다음은 리스트에 요소를 추가하는 메서드입니다(파일명: MyArrayList.java).

```java
public boolean add(E element) {
    if (size >= array.length) {
        // 큰 배열을 만들고 요소들을 복사합니다
        E[] bigger = (E[]) new Object[array.length * 2];
        System.arraycopy(array, 0, bigger, 0, array.length);
        array = bigger;
    }
    array[size] = element;
    size++;
    return true;
}
```

배열에 여분의 공간이 없으면 더 큰 배열을 만들어 요소 위에 복사해야 합니다. 그다음 배열에 요소들을 저장하고 size를 늘립니다.

이 메서드는 항상 true를 반환하는 것처럼 보이기 때문에 왜 불리언^{boolean}형을 반환하는지는 분명하지 않습니다. 언제나처럼 이에 대한 답은 http://bit.ly/2KInaqz를 참고하세요. 또한 이 메서드의 성능을 분석하는 방법도 분명하지 않습니다. 일반적으로 상수 시간이지만, 배열 크기를 변경한다면 선형 시간이 됩니다. 이것을 다루는 방법은 **3.2 add 메서드 분류하기**에서 설명합니다.

마지막으로 get 메서드를 살펴보고 실습을 하겠습니다(파일명: MyArrayList.java).

```java
public T get(int index) {
    if (index < 0 || index >= size) {
        throw new IndexOutOfBoundsException();
```

```
    }
    return array[index];
}
```

사실 get 메서드는 꽤 단순합니다. 인덱스가 범위를 벗어나면 예외를 던집니다. 그렇지 않으면 배열의 요소를 읽고 반환합니다. 이것은 인덱스가 array.length보다 작은지가 아니라 size 보다 작은지를 검사하므로 배열의 사용하지 않는 요소에는 접근할 수 없습니다.

MyArrayList.java 클래스에서는 다음과 같은 set 메서드의 스텁을 찾을 수 있습니다.

```
public T set(int index, T element) {
    // TODO: 이 부분을 채우세요
    return null;
}
```

set 메서드에 관한 http://bit.ly/2KFLglv 문서를 읽은 후 이 메서드를 채우기 바랍니다. MyArrayListTest 클래스를 다시 실행하면 testSet 메서드는 통과해야 합니다.

HINT 인덱스를 검사하는 코드의 반복을 피해야 합니다.

다음으로 할 일은 indexOf 메서드를 채우는 것입니다. 보통 때처럼 http://bit.ly/2KF3aF1를 읽고 무엇을 해야 할지 알아내야 합니다. 특히 null을 어떻게 처리하는지 주목하기 바랍니다.

필자는 배열의 요소를 대상 값과 비교하여 같으면 true를 반환하는 equals 헬퍼 메서드를 제공하였습니다(이것은 null을 정상적으로 처리합니다). 이 메서드는 클래스 내부에서만 사용하므로 private이며 List 인터페이스의 일부가 아닙니다.

임무를 완료하고 나면 MyArrayListTest를 다시 실행합니다. testIndexOf 메서드는 이제 테스트를 통과해야 하고 이 메서드를 의존하는 다른 테스트도 통과해야 합니다.

이제 두 개의 메서드만 남았습니다.

다음은 오버로딩한 add 메서드로, 인덱스를 인자로 받아 새로운 값을 저장합니다. 필요하다면 다른 인자들을 시프트^{shift}하여 공간을 만듭니다.

다시 http://bit.ly/2IBTw5y를 참고하여 구현을 작성하고 확인을 위해 테스트를 실행합니다.

HINT 배열을 더 크게 늘리는 코드를 반복하지 마세요.

마지막으로 remove 메서드를 채우세요. 자세한 내용은 http://bit.ly/2KG3pQt을 참고하세요. 이 작업을 완료하면 모든 테스트를 통과해야 합니다.

구현을 완료하면 http://thinkdast.com/myarraylist에서 정답을 확인하세요.

CHAPTER 3

ArrayList 클래스

이 장에서는 한 개의 돌로 두 마리 새를 잡습니다. 실습 2의 해법을 제시하고 분할 상환 분석 amortized analysis이라는 알고리즘 분류법을 소개합니다.

3.1 MyArrayList 메서드 분류하기

여러 메서드에서 코드에 관한 증가 차수를 알아보았습니다. 예를 들어, MyArrayList 클래스의 get 메서드 구현은 다음과 같습니다(파일명: MyArrayList.java).

```java
public E get(int index) {
    if (index < 0 || index >= size) {
        throw new IndexOutOfBoundsException();
    }
    return array[index];
}
```

get 메서드에 있는 모든 것은 상수 시간입니다. 따라서 get 메서드는 상수 시간입니다. 아무 문제 없습니다.

get 메서드를 분류하였으므로 이 메서드를 사용하는 set 메서드도 분류해 봅시다. 실습 2에서 set 메서드의 구현은 다음과 같습니다(파일명: MyArrayList.java).

```
public E set(int index, E element) {
    E old = get(index);
    array[index] = element;
    return old;
}
```

이 해법에서 약간 똑똑한 부분은 명시적으로 배열의 범위를 검사하지 않는다는 것입니다. set 메서드는 인덱스가 유효하지 않으면 예외를 던지는 get 메서드를 호출합니다.

get 메서드 호출을 포함한 set 메서드의 모든 것은 상수 시간입니다. 따라서 set 메서드도 상수 시간입니다.

다음으로 몇 가지 선형 메서드를 알아봅니다. 예를 들어, 필자가 구현한 indexOf 메서드는 다음과 같습니다(파일명: MyArrayList.java).

```
public int indexOf(Object target) {
    for (int i = 0; i<size; i++) {
        if (equals(target, array[i])) {
            return i;
        }
    }
    return -1;
}
```

반복문을 돌 때마다 indexOf 메서드는 equals 메서드를 호출합니다. 따라서 equals 메서드를 먼저 분류해야 합니다. 코드는 다음과 같습니다(파일명: MyArrayList.java).

```
private boolean equals(Object target, Object element) {
    if (target == null) {
        return element == null;
    } else {
        return target.equals(element);
    }
}
```

이 메서드는 target.equals 메서드를 호출합니다. 이 메서드의 실행시간은 target 또는 element의 크기에 의존합니다. 하지만 배열의 크기에는 의존하지 않으므로 indexOf 메서드를 분석하기 위해 equals 메서드를 상수 시간으로 생각합니다.

다시 indexOf 메서드로 돌아갑니다. 반복문 안에 있는 모든 것은 상수 시간이므로 다음으로 반복문이 몇 번 실행되는지를 생각해 봐야 합니다.

운이 좋다면 대상 객체를 단번에 찾아서 한 개의 요소만 테스트한 후 반환하고, 운이 없다면 모든 요소를 테스트해야 합니다. 평균적으로 요소 개수의 절반을 테스트하기를 기대합니다. 따라서 indexOf 메서드는 선형입니다(대상 요소가 배열의 시작에 있는 거의 일어나지 않을 경우는 제외).

remove 메서드의 분석도 비슷합니다. 필자의 구현은 다음과 같습니다 (파일명: MyArrayList.java).

```java
public E remove(int index) {
    E element = get(index);
    for (int i=index; i<size-1; i++) {
        array[i] = array[i+1];
    }
    size--;
    return element;
}
```

상수 시간인 get 메서드를 사용하고 index부터 배열에 반복문을 실행합니다. 리스트의 마지막 요소를 제거하면 반복문은 실행되지 않고 이 메서드는 상수 시간이 됩니다. 첫 번째 요소를 제거하면 나머지 모든 요소에 접근하여 선형이 됩니다. 따라서 remove 메서드는 선형으로 간주합니다(요소가 배열의 끝에 있거나 끝에서 상수 거리에 있음을 아는 특수한 경우는 제외).

3.2 add 메서드 분류하기

다음은 인덱스와 요소를 인자로 받는 add 메서드입니다(파일명: MyArrayList.java).

```java
public void add(int index, E element) {
    if (index < 0 || index > size) {
        throw new IndexOutOfBoundsException();
    }
    // 크기 조정을 통해 요소를 추가합니다
    add(element);
```

```
        // 다른 요소를 시프트합니다
        for (int i=size-1; i>index; i--) {
            array[i] = array[i-1];
        }
        // 올바른 자리에 새로운 값을 넣습니다
        array[index] = element;
    }
```

두 인자 버전 메서드인 add(int, E)는 단일 인자 버전 메서드인 add(E)를 호출하고, add(E) 메서드는 새로운 인자를 마지막에 넣습니다. 그다음 다른 요소를 오른쪽으로 이동시키고 올바른 자리에 새로운 요소를 넣습니다.

add(int, E) 메서드를 분류하려면 먼저 add(E) 메서드를 분류해야 합니다(파일명: MyArrayList.java).

```
public boolean add(E element) {
    if (size >= array.length) {
        // 큰 배열을 만들어 요소들을 복사합니다
        E[] bigger = (E[]) new Object[array.length * 2];
        System.arraycopy(array, 0, bigger, 0, array.length);
        array = bigger;
    }
    array[size] = element;
    size++;
    return true;
}
```

단일 인자 버전은 분석하기 어려워 보입니다. 배열에 미사용 공간이 있다면 add 메서드는 상수 시간입니다. 하지만 배열의 크기를 변경하면 System.arraycopy 메서드 호출 시 실행시간이 배열의 크기에 비례하기 때문에 add 메서드는 선형입니다.

따라서 add 메서드는 상수 시간일까요? 아니면 선형일까요? 일련의 n개 요소를 추가할 때의 평균 연산 횟수를 고려하여 이 메서드를 분류합니다. 간단하게 두 요소만큼의 공간이 있는 배열로 시작해 봅시다.

- 첫 번째로 add 메서드를 호출하면 배열에서 사용하지 않는 공간을 찾아서 요소 1을 저장합니다.
- 두 번째 호출에서도 배열에서 사용하지 않는 공간을 찾아서 요소 1을 저장합니다.
- 세 번째 호출에서는 배열의 크기를 변경하고 요소 2개를 복사하고 요소 1을 저장합니다. 이제 배열의 크기는

4가 되었습니다.

- 네 번째에는 요소 1을 저장합니다.
- 다섯 번째에는 배열의 크기를 재조정하고 요소 4개를 복사하며 요소 1을 저장합니다. 이제 배열의 크기는 8입니다.
- 다음 3번의 add 메서드 호출로 요소 3개를 저장합니다.
- 다음 add 메서드 호출로 요소 8개를 복사하고 요소 1을 저장합니다. 이제 크기는 16입니다.
- 다음 7번의 add 메서드 호출로 7개의 요소를 저장합니다.

계속해서 해보겠습니다.

- 4번의 add 메서드 호출 후에는 요소 4개를 저장하고 2번 복사합니다.
- 8번의 add 메서드 호출 후에는 요소 8개를 저장하고 6번 복사합니다.
- 16번의 add 메서드 호출 후에는 요소 16개를 저장하고 14번 복사합니다.

이제 어떤 패턴을 볼 수 있습니다. n번 추가하면 요소 n개를 저장하고 n−2를 복사해야 합니다. 따라서 총 연산 횟수는 n + n−2, 즉 2n−2가 됩니다.

add 메서드의 평균 연산 횟수를 구하려면 합을 n으로 나눠야 해서 결과는 2−2/n입니다. n이 커지면 두 번째 항인 2/n는 작아집니다. n의 가장 큰 지수에만 관심 있다는 원칙을 적용하면 add 메서드는 상수 시간으로 간주합니다.

때때로 선형인 어떤 알고리즘이 평균적으로 상수 시간이 된다는 것이 다소 어색해 보일 수 있습니다. 핵심은 배열의 크기를 조정할 때마다 배열의 길이가 2배로 는다는 것입니다. 이것으로 각 요소를 복사하는 횟수를 제한합니다. 그렇지 않고 고정된 양만큼 곱하는 대신에 고정된 양을 배열의 길이에 더한다면 이 분석은 맞지 않습니다.

일련의 호출에서 평균 시간을 계산하는 알고리즘 분류 방법을 분할 상환 분석amortized analysis이라고 합니다. 자세한 내용은 http://thinkdast.com/amort를 참고하세요. 핵심 개념은 일련의 호출을 하는 동안 배열을 복사하는 추가 비용이 분산되거나 분할 상환되었다는 것입니다.

자, add(E) 메서드가 상수 시간이라면 add(int, E) 메서드는 어떨까요? add(E) 메서드를 호출한 후에 배열 일부에 반복문을 실행하고 요소를 시프트합니다. 이 반복문은 리스트의 끝에 요소를 추가하는 특별한 경우만 제외하면 선형입니다. 따라서 add(int, E)는 선형입니다.

3.3 문제 크기

마지막 예제는 removeAll 메서드입니다. MyArrayList 클래스에서 구현은 다음과 같습니다
(파일명: MyArrayList.java).

```java
public boolean removeAll(Collection<?> collection) {
    boolean flag = false;
    for (Object obj: collection) {
        flag |= remove(obj);
    }
    return flag;
}
```

반복문을 돌 때마다 removeAll 메서드는 선형인 remove 메서드를 호출합니다. 그래서
removeAll 메서드를 이차로 생각하기 쉽습니다. 하지만 반드시 그렇지는 않습니다.

이 메서드에서 반복문은 collection인자의 각 요소를 한 번씩 순회합니다. collection의 요
소가 m개고 제거할 리스트에 요소가 n개 있다면 이 메서드는 O(nm)입니다. collection의
크기가 상수라면 removeAll 메서드는 n에 대해 선형입니다. 하지만 collection의 크기가 n
에 비례한다면 removeAll 메서드는 이차입니다. 예를 들어, collection이 항상 100개 이하
의 요소를 갖는다면 removeAll 메서드는 선형입니다. 하지만 일반적으로 collection이 제거
할 리스트에 있는 요소의 1%를 포함한다면 removeAll 메서드는 이차입니다.

문제 크기^{problem size}에 관해 이야기할 때 대상이 어떤 크기인지 또는 크기들인지를 주의해야 합
니다. 이 예는 알고리즘 분석에서 반복문의 개수를 세는 유혹적인 지름길의 함정을 보여줍니
다. 반복문이 한 개라면 알고리즘은 보통 선형입니다. 반복문 두 개가 중첩되었다면 이 알고리
즘은 보통 이차입니다.

하지만 주의하세요. 여러분은 각 반복문을 몇 번 실행하는지를 생각해야 합니다. 반복 횟수가
모든 반복문에서 n에 비례한다면 단지 반복문만 세면 끝입니다. 그러나 이 예제처럼 반복 횟수
가 항상 n에 비례하지 않는다면 좀 더 고민해봐야 합니다.

3.4 연결 자료구조

다음 실습을 위해 연결 리스트linked list로 요소를 저장하는 List 인터페이스의 일부 구현을 제공합니다. 연결 리스트에 익숙하지 않다면 http://thinkdast.com/linkedlist를 참고하세요. 이절에서는 간단히 소개합니다.

자료구조가 연결되었다 함은 노드node라는 객체들이 다른 노드에 대한 참조를 포함한 형태로 저장된 것을 의미합니다. 연결 리스트에서 각 노드는 리스트의 다음 노드에 대한 참조를 포함합니다. 연결 구조의 다른 예로는 트리와 그래프가 있습니다. 이때 노드는 둘 이상의 다른 노드에 대한 참조를 포함합니다.

다음은 간단한 노드에 대한 클래스의 정의입니다(파일명: ListNode.java).

```java
public class ListNode {

    public Object data;
    public ListNode next;

    public ListNode() {
        this.data = null;
        this.next = null;
    }

    public ListNode(Object data) {
        this.data = data;
        this.next = null;
    }

    public ListNode(Object data, ListNode next) {
        this.data = data;
        this.next = next;
    }

    public String toString() {
        return "ListNode(" + data.toString() + ")";
    }
}
```

ListNode 객체에는 두 개의 인스턴스 변수가 있습니다. data 변수는 어떤 Object에 대한 참조고, next 변수는 리스트에서 다음 노드에 대한 참조입니다. 리스트의 마지막 노드에서 관례상 next 변수는 null입니다.

ListNode 클래스는 data와 next 값을 제공하거나 기본값인 null로 초기화하는 몇 개의 생성자를 제공합니다.

각 ListNode 객체는 단일 요소를 가진 리스트로 생각할 수 있지만, 좀 더 일반적으로 리스트는 다수의 노드를 포함할 수 있습니다. 새로운 리스트를 만드는 몇 가지 방법이 있습니다. 다음과 같이 간단히 ListNode 객체들의 집합을 생성합니다(파일명: LinkedListExample.java).

```
ListNode node1 = new ListNode(1);
ListNode node2 = new ListNode(2);
ListNode node3 = new ListNode(3);
```

그리고 이것들을 다음과 같이 연결합니다(파일명: LinkedListExample.java).

```
node1.next = node2;
node2.next = node3;
node3.next = null;
```

아니면 노드와 링크를 동시에 생성할 수도 있습니다. 예를 들어, 리스트 시작에 새로운 노드를 추가하려면 다음과 같이 합니다(파일명: LinkedListExample.java).

```
ListNode node0 = new ListNode(0, node1);
```

일련의 작업을 수행하고 나면 데이터로 정수 0, 1, 2, 3이 들어 있는 노드들이 오름차순으로 연결되었음을 알 수 있습니다. 마지막 노드에서 next 필드는 null입니다.

다음 그림은 이러한 변수와 변수가 참조하는 객체를 보여주는 객체 다이어그램입니다. 다이어그램에서 변수는 상자 안에 이름이 있고 참조 방향을 화살표로 나타냅니다. 객체는 상자 밖에 ListNote와 Integer처럼 타입을, 상자 안에 인스턴스 변수를 표기합니다.

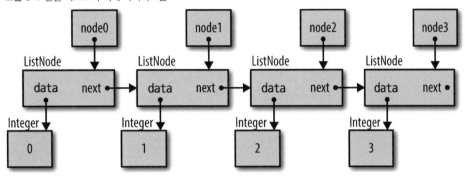

그림 3-1 연결 리스트의 객체 다이어그램

3.5 실습 3

이 책의 코드 저장소에는 이 실습에 필요한 소스 파일들이 있습니다.

- **MyLinkedList.java**
  이 파일에는 요소를 저장할 때 연결 리스트를 사용하는 List 인터페이스가 일부 구현되어 있습니다.
- **MyLinkedListTest.java**
  MyLinkedList 클래스를 위한 JUnit 테스트 클래스가 들어 있습니다.

ant MyLinkedList 명령을 실행하면 몇 가지 간단한 테스트를 포함한 MyLinkedList.java 파일을 실행합니다. 그리고 ant MyLinkedListTest 명령을 실행하여 JUnit 테스트를 합니다. 테스트 중 몇 개는 실패합니다. 소스 코드를 살펴보면 채워야 할 메서드를 나타내는 TODO 주석 3개가 있습니다.

시작하기 전에 코드 일부를 먼저 살펴보겠습니다. MyLinkedList 클래스의 인스턴스 변수와 생성자는 다음과 같습니다(파일명: MyLinkedList.java).

```
public class MyLinkedList<E> implements List<E> {

    private int size;      // 요소의 개수를 추적합니다
    private Node head;      // 첫 번째 노드에 대한 참조입니다

    public MyLinkedList() {
        head = null;
```

```
            size = 0;
        }
    }
```

주석에 나와 있는 대로 size 변수는 MyLinkedList에 있는 요소 개수를 추적하고, head 변수는 리스트의 첫 번째 노드를 참조하거나 리스트가 비었으면 null입니다.

요소 개수를 꼭 저장할 필요는 없습니다. 그리고 일반적으로 중복 정보를 유지하는 것은 위험한데, 정보를 올바르게 갱신하지 않으면 오류가 생길 수 있기 때문입니다. 또한, 약간의 추가 공간을 차지하게 됩니다.

하지만 size 변수를 명시적으로 저장하면 상수 시간으로 size 메서드를 구현할 수 있습니다. 그렇지 않으면 리스트를 순회하여 요소 개수를 세는 선형 시간이 필요합니다.

size 변수를 명시적으로 저장하므로 요소를 더하거나 제거할 때마다 갱신해야 합니다. 이에 따라 메서드가 약간 느려지지만, 증가 차수를 변경하지 않으므로 그만한 가치가 있습니다.

생성자는 head 변수를 null로 만들어 빈 리스트임을 알려 줍니다. size 변수는 0으로 설정합니다.

이 클래스는 요소의 타입으로 타입 파라미터 E를 사용합니다. 타입 파라미터에 관한 자세한 내용은 http://thinkdast.com/types를 참고하세요.

타입 파라미터는 또한 MyLinkedList 클래스에 중첩된 Node 클래스의 정의에도 나타납니다(파일명: MyLinkedList.java).

```java
private class Node {
    public E data;
    public Node next;

    public Node(E data, Node next) {
        this.data = data;
        this.next = next;
    }
}
```

이것 말고도 Node 클래스는 **3.4 연결 자료구조**의 ListNode 클래스와 비슷합니다. 마지막으로 필자가 구현한 add 메서드는 다음과 같습니다(파일명: MyLinkedList.java).

```
public boolean add(E element) {
    if (head == null) {
        head = new Node(element);
    } else {
        Node node = head;
        // 마지막 노드까지 반복합니다
        for ( ; node.next != null; node = node.next) {}
            node.next = new Node(element);
    }
    size++;
    return true;
}
```

이 예제는 문제를 푸는 데 필요한 두 가지 패턴을 보여줍니다.

1. 많은 메서드에서 리스트의 첫 번째 요소를 특별한 경우로 처리해야 합니다. 이 예제에서는 리스트에 첫 번째 요소를 추가하면 head 변수를 변경해야 합니다. 그렇지 않으면 리스트를 순회하여 끝을 찾아 새로운 노드를 추가해야 합니다.

2. add 메서드는 for 문으로 리스트에 있는 노드를 순회하는 방법을 보여줍니다. 문제를 풀 때는 이 반복문을 몇 가지 다양한 형태로 작성하게 됩니다. 반복문에 앞서 node를 선언해야 반복이 끝난 후 접근할 수 있음에 주의하세요.

이제 여러분 차례입니다. indexOf 메서드를 채우세요. http://bit.ly/2KF3aF1 문서를 참고하여 무엇을 해야 할지 파악해 보세요. 특히 null을 어떻게 처리할지 고민해 보세요.

앞의 실습에서 배열에 있는 요소와 대상 값을 비교하여 같으면 true를 반환하는 equals 헬퍼 메서드를 제공하였습니다. 이 메서드는 null을 정상적으로 처리하며 클래스 내부에서만 사용하므로 private이지만, List 인터페이스의 일부는 아닙니다.

이 작업이 끝나면 테스트를 다시 실행하세요. testIndexOf 메서드는 이제 테스트를 통과해야 하고 이 메서드를 의존하는 다른 테스트도 통과해야 합니다.

다음으로, 인덱스와 이 인덱스에 넣을 새로운 값을 저장하는 두 인자 버전의 add 메서드를 채우세요. http://bit.ly/2IBTw5y 문서를 참고하여 구현을 작성하고 테스트를 실행하여 확인합니다.

마지막으로 remove 메서드를 채우세요. 자세한 내용은 http://bit.ly/2KG3pQt 페이지를 참고하세요. 이 작업을 완료하면 모든 테스트를 통과해야 합니다.

구현이 작동하면 코드 저장소의 solutions 디렉터리에 있는 버전과 비교해 보세요.

3.6 가비지 컬렉션

앞의 실습에서 MyArrayList 클래스는 필요하면 배열이 늘어나지만 결코 줄어들지는 않습니다. 배열은 가비지 컬렉션을 하지 않고 그 요소도 리스트 자체가 파괴될 때까지 가비지 컬렉션 garbage collection 대상이 아닙니다.

연결 리스트 구현의 한 가지 장점은 요소를 제거하면 리스트 크기가 줄어들고 사용하지 않는 노드는 즉시 가비지 컬렉션이 될 수 있다는 것입니다.

clear 메서드의 구현 코드는 다음과 같습니다(파일명: MyLinkedList.java).

```
public void clear() {
    head = null;
    size = 0;
}
```

head 변수를 null로 만들면 첫 번째 Node에 대한 참조를 제거합니다. 해당 Node에 대한 다른 참조가 없다면 (당연히 없어야 합니다.) 가비지 컬렉션을 합니다. 이때 두 번째 Node에 대한 참조가 제거되고 이것도 가비지 컬렉션을 합니다. 이 절차는 모든 노드를 가비지 컬렉션할 때까지 계속됩니다.

clear 메서드는 어떻게 분류할까요? 이 메서드 자체는 두 개의 상수 시간 연산을 포함하므로 상수 시간으로 보입니다. 하지만 이것을 호출할 때는 요소의 개수에 비례하여 가비지 컬렉터가 동작합니다. 따라서 선형으로 간주해야 합니다.

이것이 때때로 성능 버그performance bug라고 불리는 예입니다. 올바른 일을 한다는 점에서는 정확한 프로그램이지만, 증가 차수는 기대한 만큼 나오지 않습니다. 자바와 같은 언어는 가비지 컬렉션처럼 뒷단에서 많은 일을 하기 때문에 이런 종류의 버그를 찾아내기가 어렵습니다.

CHAPTER 4

LinkedList 클래스

이 장에서는 실습 3의 해법을 제시하고 알고리즘 분석 논의를 계속합니다.

4.1 MyLinkedList 메서드 분류하기

indexOf 메서드를 다음과 같이 구현하였습니다. 설명을 읽기 전에 한번 읽어보고 증가 차수를 식별할 수 있는지 생각해 보세요(파일명: MyLinkedList.java).

```java
public int indexOf(Object target) {
    Node node = head;
    for (int i=0; i<size; i++) {
        if (equals(target, node.data)) {
            return i;
        }
        node = node.next;
    }
    return -1;
}
```

초기에 node 변수는 head의 사본을 얻습니다. 따라서 둘은 같은 Node를 참조합니다. 반복문 변수인 i는 0에서 size-1까지 반복합니다. 각 반복에서 equals 메서드를 호출하여 목적 값을 찾았는지 확인합니다. 찾았다면 i를 즉시 반환하고 그렇지 않으면 리스트의 다음 Node로 넘어 갑니다.

보통 다음 Node가 null이 아닌지 확인해야 하지만, 이 경우에는 리스트 끝까지 가면 반복문이 종료되므로 안전합니다(size 변수는 리스트의 실제 노드 개수와 일치한다고 가정합니다). 목적 값을 찾지 못하면 -1을 반환합니다.

그러면 이 메서드의 증가 차수는 무엇일까요?

1. 반복마다 상수 시간인 equals 메서드를 호출합니다(이 메서드는 target이나 data의 크기에는 의존하지만, 리스트의 크기에는 의존하지 않습니다). 반복문의 다른 연산 또한 상수 시간입니다.

2. 반복은 n번 실행됩니다. 운이 없으면 전체 리스트를 순회할 수도 있기 때문입니다.

따라서 이 메서드의 실행시간은 리스트의 크기에 비례($O(n)$)합니다.

다음은 두 개의 인자를 가진 add 메서드의 구현입니다. 설명을 읽기 전에 먼저 분류해 보세요 (파일명: MyLinkedList.java).

```java
public void add(int index, E element) {
    if (index == 0) {
        head = new Node(element, head);
    } else {
        Node node = getNode(index-1);
        node.next = new Node(element, node.next);
    }
    size++;
}
```

index가 0이라면 새로운 Node 객체를 시작에 추가합니다. 이것은 특별한 경우로 처리합니다. 그렇지 않으면 리스트를 순회하여 index-1 위치에 있는 요소를 가져옵니다. 이때 getNode라는 헬퍼 메서드를 사용합니다(파일명: MyLinkedList.java).

```java
private Node getNode(int index) {
    if (index < 0 || index >= size) {
        throw new IndexOutOfBoundsException();
    }
    Node node = head;
    for (int i=0; i<index; i++) {
        node = node.next;
    }
    return node;
}
```

getNode 메서드는 index가 범위 밖에 있는지 확인합니다. 범위 밖에 있다면 예외를 던지고, 아니라면 리스트를 순회하여 요청한 Node 객체를 반환합니다.

다시 add 메서드로 돌아가서 올바른 Node 객체를 찾으면 새로운 Node 객체를 생성하고 이를 node 객체와 node.next 객체 사이에 넣습니다. 이 연산을 이해하기 쉽게 다이어그램을 그려 보는 것도 좋습니다.

그러면 add 메서드의 증가 차수는 무엇일까요?

1. getNode 메서드가 indexOf 메서드와 유사하므로 같은 이유로 선형입니다.

2. add 메서드에서 getNode 메서드 전과 후 모두가 상수 시간입니다.

따라서 add 메서드는 선형입니다.

마지막으로 remove 메서드를 살펴보겠습니다(파일명: MyLinkedList.java).

```java
public E remove(int index) {
    E element = get(index);
    if (index == 0) {
        head = head.next;
    } else {
        Node node = getNode(index-1);
        node.next = node.next.next;
    }
    size--;
    return element;
}
```

remove 메서드는 get 메서드를 호출하여 index에 있는 요소를 찾고 저장한 다음 index를 포함한 Node 객체를 제거합니다.

index 변수가 0이면 다시 특별한 경우로 처리합니다. 그 외에는 index-1 위치에 있는 노드를 찾아 node.next 객체는 건너뛰고 node.next.next 객체로 직접 연결하도록 코드를 수정합니다. 이렇게 하면 node.next 객체를 리스트에서 효과적으로 제거하고 가비지 컬렉션도 수행할 수 있습니다.

마지막으로 size 변수를 줄이고 처음에 찾은 요소를 반환합니다.

그러면 remove 메서드의 증가 차수는 무엇일까요? remove 메서드의 모든 것은 선형인 get과 getNode 메서드를 제외하면 상수 시간입니다. 따라서 remove 메서드는 선형입니다.

이렇게 두 개의 선형 메서드를 보면 때때로 결과를 이차로 생각하지만, 이것은 어떤 연산이 다른 연산 내부에 중첩되었을 때만 해당합니다. 어떤 연산에 이어 다른 연산을 호출하면 실행시간은 더해집니다. 이 연산이 둘 다 $O(n)$이라면 합 또한 $O(n)$이 됩니다.

4.2 MyArrayList와 MyLinkedList 비교하기

다음 표는 MyArrayList와 MyLinkedList 클래스의 비교를 요약한 것입니다. 1은 $O(1)$ 또는 상수 시간을 의미하고, n은 $O(n)$ 또는 선형을 의미합니다.

구분	MyArrayList	MyLinkedList
add(끝)	1	n
add(시작)	n	1
add(일반적으로)	n	n
get/set	1	n
indexOf/lastIndexOf	n	n
isEmpty/size	1	1
remove(끝)	1	n
remove(시작)	n	1
remove(일반적으로)	n	n

MyArrayList 클래스는 끝에 추가하고 끝에서 제거하고 get과 set 메서드 연산에 이점이 있습니다. MyLinkedList 클래스는 시작에 추가하고 시작에서 제거하는 연산에 이점이 있습니다. 다른 연산에서는 두 구현의 증가 차수가 같습니다.

어느 구현이 나은지는 가장 자주 사용하는 연산으로 결정됩니다. 이것이 자바에서 한 개 이상의 구현 클래스를 제공하는 이유이기도 합니다. 사용 예에 따라 유용한 클래스가 다릅니다.

4.3 프로파일

다음 실습을 위해 Profiler 클래스를 제공합니다. 이 클래스는 문제 크기의 범위를 인자로 받아 실행하는 코드를 포함하며 실행시간을 측정하고 결과를 그래프에 출력합니다.

Profiler 클래스를 사용하면 ArrayList와 LinkedList 클래스에 있는 add 메서드의 성능을 분류할 수 있습니다. 다음은 Profier 클래스의 사용법을 보여주는 예제 코드입니다(파일명: ProfileListAdd.java).

```java
public static void profileArrayListAddEnd() {
    Timeable timeable = new Timeable() {
        List<String> list;

        public void setup(int n) {
            list = new ArrayList<String>();
        }

        public void timeMe(int n) {
            for (int i=0; i<n; i++) {
                list.add("a string");
            }
        }
    };

    String title = "ArrayList add end";
    Profiler profiler = new Profiler(title, timeable);

    int startN = 4000;
    int endMillis = 1000;
    XYSeries series = profiler.timingLoop(startN, endMillis);
    profiler.plotResults(series);
}
```

이 메서드는 ArrayList의 끝에 새로운 요소를 추가하는 add 메서드의 실행시간을 측정합니다.

Profiler 클래스를 사용하려면 setup과 timeMe 메서드를 제공하는 Timeable 객체를 생성해야 합니다. setup 메서드는 시간 측정을 시작하기 전에 필요한 일들을 수행합니다. 이 경우에는 빈 리스트를 만듭니다. 그다음 timeMe 메서드는 측정 작업을 합니다. 이 경우에는 리스트에 n개의 요소를 추가합니다.

timeable 객체를 생성하는 코드는 익명 클래스^{anonymous class}로 Timeable 인터페이스를 구현하고 동시에 새로운 클래스의 인스턴스를 생성합니다. 익명 클래스에 관해서는 http://thinkdast.com/anonclass를 참고하세요. 다음 실습을 하는 데 많이 알 필요는 없습니다. 익명 클래스를 잘 모른다고 해도 예제 코드를 복사해서 고칠 수 있습니다.

다음 단계로 Timeable 객체와 제목을 인자로 넘겨 Profiler 객체를 생성합니다. Profiler 객체는 인스턴스 변수로 저장된 Timeable 객체를 사용하는 timingLoop 메서드를 제공합니다. 이 메서드는 Timeable 객체의 timeMe 메서드를 n의 값 범위에서 여러 번 호출합니다. timingLoop 메서드는 다음 두 개의 인자를 받습니다.

- **startN**
  시간 측정을 시작하는 n 값입니다
- **endMillis**
  밀리 초 단위로 임계치^{threshold}를 지정합니다. timingLoop에서 문제 크기가 증가하면 이에 따라 실행시간도 늘어납니다. 실행시간이 임계치를 넘으면 timingLoop 메서드는 중단됩니다.

실험을 실행할 때 이 인자들을 조정해야 할 수도 있습니다. startN 인자의 크기가 너무 작으면 정확하게 측정하기에 실행시간이 너무 짧습니다. endMillis 인자가 너무 작으면 문제 크기와 실행시간의 명확한 관계를 보여주는 데이터를 얻기 어렵습니다.

ProfileListAdd.java 파일에 있는 코드는 다음 실습에서 실행하는데, 필자가 실행하였을 때는 다음과 같은 결과를 얻었습니다.

```
4000, 3
8000, 0
16000, 1
32000, 2
64000, 3
128000, 6
256000, 18
512000, 30
1024000, 88
2048000, 185
4096000, 242
8192000, 544
16384000, 1325
```

첫 번째 열은 문제 크기 n이고 두 번째 열은 밀리 초 단위의 실행시간입니다. 앞의 몇몇 측정값은 잡음이 많은 편입니다. 따라서 startN 값은 64000 정도가 좋습니다.

timingLoop 메서드의 결과는 이 데이터를 포함하는 XYSeries[1] 객체입니다. 이 데이터를 plotResults 메서드에 넘기면 다음 그림과 같은 그래프를 생성합니다.

그림 4-1 프로파일 결과: ArrayList의 끝에 n개 요소를 추가하였을 때 문제 크기 대비 실행시간 그래프

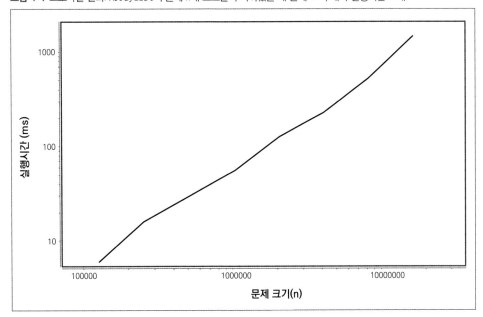

이 그래프를 어떻게 해석하는지는 다음 절에서 설명합니다.

4.4 결과 해석하기

ArrayList 클래스의 동작 방식을 이해하였으니 이를 바탕으로 add 메서드가 끝에 한 개 요소를 추가할 때 상수 시간이 걸린다는 것을 예상할 수 있습니다. 따라서 n개 요소를 추가하는 전체 시간은 선형입니다.

....

1 옮긴이주_XYSeries는 JFreeChart의 데이터 클래스입니다(org.jfree.data.xy 패키지).

이 이론을 테스트하고자 문제 크기 대비 실행시간을 그래프로 그려보고 문제 크기가 측정에 적당할 만큼 충분히 클 때 직선을 이루는지 알아보겠습니다. 수학적으로는 이 직선의 함수를 다음과 같이 구할 수 있습니다.

$$실행시간 = a + bn$$

여기서 a는 Y 절편이고, b는 기울기입니다.

한편 add 메서드가 선형이면 n번 추가하는 전체 시간은 이차가 됩니다. 문제 크기 대비 실행시간을 그래프로 그리면 포물선을 예상할 수 있습니다. 수식은 다음과 같습니다.

$$실행시간 = a + bn + cn^2$$

완벽한 데이터가 있다면 직선과 포물선의 차이를 분명하게 보여주지만, 측정에 잡음이 많으면 구별하기 어려울 수 있습니다. 잡음이 많은 측정을 해석하는 좋은 방법은 log-log 스케일$^{log-log\ scale}$로 실행시간 대비 문제 크기의 그래프를 그리는 것입니다.

왜 그럴까요? 실행시간이 n^k에 비례하지만, 지수 k가 무엇인지 모른다고 가정해 봅시다. 그러면 이 관계는 다음과 같이 적을 수 있습니다.

$$실행시간 = a + bn + \cdots + cn^k$$

큰 수인 n에 대해 가장 큰 지수의 항이 가장 중요하므로 다음과 같이 나타낼 수 있습니다.

$$실행시간 \approx cn^k$$

여기서 ≈은 '근사적으로 같음'을 의미합니다. 자, 이 방정식의 양측에 로그 함수를 적용합니다.

$$\log(실행시간) \approx \log(c) + k\log(n)$$

이 식은 log-log 스케일로 n에 대해 실행시간의 그래프를 그리면 절편 $\log(c)$와 기울기 k를 갖는 직선을 볼 수 있음을 의미합니다. 절편은 신경 쓰지 않아도 되지만, 기울기는 증가 차수를 의미합니다. 즉, k가 1이면 알고리즘은 선형이고, k가 2면 이차가 됩니다.

앞 절의 그림을 보면 기울기를 눈으로 가늠할 수 있었습니다. 하지만 plotResults 메서드를 실행하면 데이터에 적합한 최소제곱$^{least\ squares}$을 계산하고 추정 기울기$^{estimated\ slope}$를 출력합니다.

$$기울기 = 1.06194352346708$$

앞의 값은 1에 가까운데, 이는 n번 추가하는 총 시간이 선형임을 의미합니다. 따라서 한 번 추가하는 시간은 예상대로 상수 시간이 됩니다.

한 가지 중요한 점은 이와 같은 그래프에서 직선을 본다고 해서 알고리즘이 선형이라는 의미는 아니라는 점입니다. 실행시간이 n^k에 비례한다면 기울기 k의 직선을 보게 됩니다. 기울기가 1에 가까우면 알고리즘은 선형이고, 2에 가까우면 이차로 봐야 합니다.

4.5 실습 4

예제 저장소에서 이 실습에 필요한 소스 코드를 찾을 수 있습니다.

- **Profiler.java**
  이 파일은 앞 절에서 설명한 Profiler 클래스의 구현 코드를 담고 있습니다. Profiler 클래스를 사용하지만, 어떻게 동작하는지 알 필요는 없습니다. 소스 코드를 편하게 읽어 보세요.

- **ProfileListAdd.java**
  이 파일은 앞 절의 예제를 포함한 실습 4의 시작 코드를 담고 있습니다. 이 파일을 수정하여 다른 몇 개의 메서드를 프로파일합니다.

code 디렉터리에서 앤트 빌드 파일인 build.xml을 찾을 수 있습니다.

1. ant ProfileListAdd 명령으로 ProfileListAdd.java 파일을 실행합니다. 결과는 [그림 4-1]과 유사합니다. 하지만 startN이나 endMillis 인자를 수정해야 합니다. 추정 기울기는 1에 가까워야 하며 add 연산을 n번 실행하면 실행시간은 n에 비례합니다. 즉, O(n)입니다.

2. ProfileListAdd.java 파일에는 profileArrayListAddBeginning이라는 빈 메서드가 있습니다. 항상 새로운 요소를 리스트 시작에 추가하는 ArrayList.add 메서드를 테스트하는 코드를 이 메서드 안에 작성하세요. profileArrayListAddEnd 메서드의 복사본으로 시작한다면 몇 가지 변경 사항만 고치면 됩니다. profileArrayListAddBeginning 메서드를 호출하도록 main 메서드를 고치세요.

3. ant ProfileListAdd 명령을 다시 실행하고 결과를 분석합니다. ArrayList의 동작 방식대로라면 각 add 연산은 선형이 되므로 n번 더하는 전체 시간은 이차여야 합니다. 이차라면 이 직선의 추정 기울기는 log-log 스케일을 기반으로 2에 가까워야 합니다. 그런가요?

4. 이제 LinkedList 클래스의 성능과 비교해 봅시다. profileLinkedListAddBeginning 메서드를 작성하고 그것을 사용하여 리스트 시작에 새로운 요소를 추가하는 Linked List.add 메서드를 분류해 보세요. 여러분이 예상한 성능은 무엇인가요? 결과가 예상과 일치하나요?

5. 마지막으로, profileLinkedListAddEnd 메서드를 작성하고 리스트 끝에 새로운 요소를 추가하는 LinkedList.add 메서드의 실행시간을 분류해 봅니다. 예상한 성능은 무엇인가요? 결과가 예상과 일치하나요?

다음 장에서는 결과를 알아보고 앞의 질문에 답해 보겠습니다.

CHAPTER 5

이중 연결 리스트

이 장에서는 앞 장의 실습 결과를 살펴보고 List 인터페이스를 구현하는 또 다른 클래스인 이중 연결 리스트doubly linked list에 대해 알아봅니다.

5.1 성능 프로파일 결과

앞 장의 실습에서 Profiler.java 파일로 다양한 ArrayList와 LinkedList 자료구조의 연산을 문제 크기별로 실행해 보았습니다. 그리고 log-log 스케일로 문제 크기 대비 실행시간의 그래프를 그리고 결과 곡선의 기울기를 추정하였습니다. 추정 기울기는 문제 크기와 실행시간 사이 관계의 지수 앞자리를 의미합니다.

예를 들어, ArrayList의 끝에 요소를 더하는 add 메서드를 사용하였을 때 n번 추가 연산의 전체 시간은 n에 비례하였습니다. 즉, 추정 기울기는 1에 가까웠습니다. 결국, n번 추가 연산은 O(n)으로 결론지었습니다. 따라서 개별 add 메서드의 평균 시간은 상수 시간 또는 O(1)이고, 이것은 알고리즘 분석을 기반으로 예상한 내용과 일치합니다.

이 실습은 profileArrayListAddBeginning 메서드를 작성하여 ArrayList의 시작에 새로운 요소를 추가하는 연산의 성능을 테스트합니다. 앞의 분석에 근거하여 각 add 메서드는 선형이어야 합니다. 이는 다른 요소들을 오른쪽으로 시프트하기 때문입니다. 따라서 n번 추가 연산은 이차가 됩니다.

저장소의 solutions 디렉터리에는 다음과 같은 해답이 있습니다(파일명: ProfileListAdd.java).

```java
public static void profileArrayListAddBeginning() {
    Timeable timeable = new Timeable() {
        List<String> list;

        public void setup(int n) {
            list = new ArrayList<String>();
        }

        public void timeMe(int n) {
            for (int i=0; i<n; i++) {
                list.add(0, "a string");
            }
        }
    };
    int startN = 4000;
    int endMillis = 10000;
    runProfiler("ArrayList add beginning", timeable, startN, endMillis);
}
```

이 메서드는 profileArrayListAddEnd 메서드와 거의 동일합니다. 유일한 차이점은 timeMe 메서드로, timeMe 메서드는 인덱스 0에 새로운 요소를 추가하는 두 인자 버전의 add 메서드를 호출합니다. 또한, 추가 데이터를 얻고자 endMillis 변수를 키웠습니다.

실행 결과는 다음과 같습니다(왼쪽 열은 문제 크기고, 오른쪽 열은 밀리 초 단위의 실행시간입니다).

```
4000, 14
8000, 35
16000, 150
32000, 604
64000, 2518
128000, 11555
```

다음 그림은 문제 크기 대비 실행시간의 그래프를 보여줍니다.

그림 5-1 프로파일 결과: ArrayList의 시작에 새로운 요소를 추가하는 연산의 문제 크기 대비 실행시간 그래프

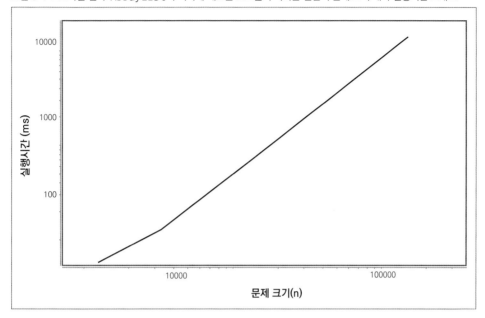

이 그래프에서 직선은 알고리즘이 선형임을 의미하지 않습니다. 오히려 실행시간이 어떤 지수 k에 대해 n^k에 비례한다면 결과 그래프는 기울기 k인 직선이 됩니다. 이때 n번 추가하는 연산의 전체 시간이 n^2에 비례하므로 직선의 기울기는 2가 됩니다. 사실, 추정 기울기는 1.992인데, 데이터를 조작한 것처럼 너무나 정답에 가깝습니다.

5.2 LinkedList 메서드 프로파일하기

앞의 실습에서 LinkedList 시작에 새로운 요소를 추가하는 연산의 성능을 프로파일하였습니다. 이 분석에 따라 각 add 메서드는 상수 시간을 취함을 알았습니다. 연결 리스트에서는 기존 요소를 시프트할 필요 없이 시작에 새로운 요소를 추가할 수 있습니다. 따라서 LinkedList 시작에 n번 추가하는 연산의 전체 시간은 선형입니다.

해답은 다음과 같습니다(파일명: ProfileListAdd.java).

```java
public static void profileLinkedListAddBeginning() {
    Timeable timeable = new Timeable() {
        List<String> list;

        public void setup(int n) {
            list = new LinkedList<String>();
        }

        public void timeMe(int n) {
            for (int i=0; i<n; i++) {
                list.add(0, "a string");
            }
        }
    };
    int startN = 128000;
    int endMillis = 2000;
    runProfiler("LinkedList add beginning", timeable, startN, endMillis);
}
```

몇 가지만 변경되었습니다. ArrayList를 LinkedList 클래스로 변경하였고, 좋은 데이터를 얻기 위해 startN과 endMillis 값을 조정하였습니다. 측정 값은 이전 배치보다 잡음이 좀 더 커졌습니다. 결과는 다음과 같습니다.

```
128000, 16
256000, 19
512000, 28
1024000, 77
2048000, 330
4096000, 892
8192000, 1047
16384000, 4755
```

다음 그림은 결과 그래프를 보여줍니다.

그림 5-2 프로파일 결과: LinkedList 시작에 n개 요소를 추가하는 연산의 문제 크기 대비 실행시간 그래프

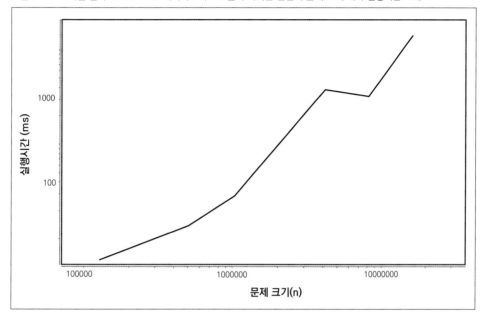

이번에는 그래프가 직선이 아니고 기울기도 정확히 1이 아닙니다. 최소제곱의 기울기도 1.23입니다. 하지만 이 결과는 LinkedList 시작에 n번 추가하는 연산의 전체 시간이 적어도 O(n)에 근사함을 나타내므로 각 add 메서드는 상수 시간입니다.

5.3 LinkedList 끝에 더하기

시작에 요소를 추가하는 연산은 LinkedList 클래스가 ArrayList 클래스보다 빠릅니다. 하지만 요소를 끝에 더하는 것은 LinkedList가 더 느립니다. 필자의 구현에서는 전체 리스트를 순회하여 끝에 요소를 추가하며 선형입니다. 따라서 n번 추가하는 연산의 전체 시간은 이차가 되리라 기대합니다.

하지만 그렇지 않습니다. 다음 코드를 보세요(파일명: ProfileListAdd.java).

```java
public static void profileLinkedListAddEnd() {
    Timeable timeable = new Timeable() {
        List<String> list;

        public void setup(int n) {
            list = new LinkedList<String>();
        }

        public void timeMe(int n) {
            for (int i=0; i<n; i++) {
                list.add("a string");
            }
        }
    };
    int startN = 64000;
    int endMillis = 1000;
    runProfiler("LinkedList add end", timeable, startN, endMillis);
}
```

결과는 다음과 같습니다.

```
64000, 9
128000, 9
256000, 21
512000, 24
1024000, 78
2048000, 235
4096000, 851
8192000, 950
16384000, 6160
```

다음 그림은 결과 그래프를 보여줍니다.

그림 5-3 프로파일 결과: LinkedList 끝에 요소를 추가하는 연산의 문제 크기 대비 실행시간 그래프

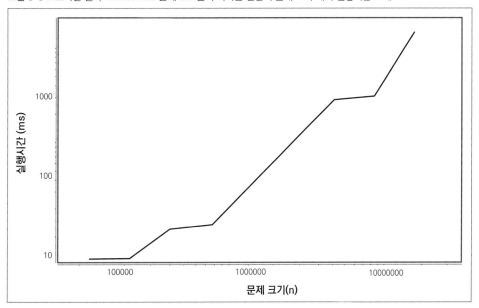

측정값에는 잡음이 많고 선은 완벽한 직선이 아닙니다. 추정 기울기는 1.19고 요소를 시작에 추가하는 연산과 비슷하지만, 분석에서 추정한 2에는 가깝지 않습니다. 사실 이것은 1에 가까우며 요소를 끝에 추가하는 각 연산이 상수 시간임을 시사합니다. 왜 그럴까요?

5.4 이중 연결 리스트

이중 연결 리스트를 구현한 MyLinkedList 클래스는 단일 연결 리스트를 사용합니다. 즉, 각 요소는 다음 요소에 대한 참조만 포함하고 MyLinkedList 객체 자체는 첫 번째 노드에 대한 참조만 가지고 있습니다.

하지만 http://thinkdast.com/linked에서 LinkedList 클래스에 대한 문서를 읽어보면 다음과 같은 내용이 나옵니다.

List와 Deque **인터페이스를 구현하는 이중 연결 리스트 구현**…… 모든 연산은 이중 연결 리스트와 같이 동작합니다. 리스트의 인덱스를 활용하는 연산은 시작 또는 끝부터 리스트를 순회합니다. 이때 어느 것이든 특정 인덱스에서 가까운 것을 선택합니다.

이중 연결 리스트를 잘 모른다면 http://thinkdast.com/doublelist를 참고하거나 요약한 다음 내용을 확인하세요.

- 각 노드는 다음 노드와 이전 노드에 대한 참조를 포함합니다.
- LinkedList 객체는 첫 번째와 마지막 요소에 대한 참조를 포함합니다.

따라서 리스트의 어느 한쪽 끝에서 시작하여 어느 방향으로든 순회할 수 있습니다. 결과적으로 상수 시간으로 리스트의 시작과 끝에 요소를 추가하고 삭제할 수 있습니다.

다음 표는 ArrayList와 MyLinkedList(단일 연결), LinkedList(이중 연결) 클래스에서 기대하는 성능을 요약해서 보여줍니다.

구분	ArrayList	MyLinkedList	LinkedList
add(끝)	1	n	1
add(시작)	n	1	1
add(일반적으로)	n	n	n
get/set	1	n	n
indexOf/lastIndexOf	n	n	n
isEmpty/size	1	1	1
remove(끝)	1	n	1
remove(시작)	n	1	1
remove(일반적으로)	n	n	n

5.5 자료구조 선택하기

이중 연결 리스트 구현은 ArrayList 클래스보다 시작에 요소를 추가하고 삭제하는 연산이 좋습니다. 끝에 요소를 추가하고 제거하는 연산은 ArrayList 클래스와 동일합니다. 따라서

ArrayList 클래스의 유일한 이점은 get과 set 메서드입니다. 연결 리스트는 심지어 이중 연결 리스트일 때도 선형 시간이 필요합니다.

응용 프로그램의 실행시간이 get과 set 메서드에 의존한다면 ArrayList 클래스가 좋은 선택입니다. 실행시간이 시작이나 끝 근처에 요소를 추가하거나 제거하는 연산에 의존한다면 LinkedList 클래스가 좋습니다.

하지만 이러한 추천은 큰 문제의 증가 차수에 기반을 두고 있습니다. 이 외에 고려해야 할 요소는 다음과 같습니다.

- 이러한 연산이 응용 프로그램의 실행시간에 뚜렷한 영향을 미치지 않는다면, 즉 응용 프로그램이 다른 일을 하느라 대부분 시간을 소모하면 List 구현에 대한 선택은 큰 의미가 없습니다.
- 작업하는 리스트가 매우 크지 않으면 기대하는 성능을 얻기 어려울지도 모릅니다. 작은 문제에서는 이차 알고리즘이 선형 알고리즘보다 빠르기도 하고 또는 선형 알고리즘이 상수 시간보다 빠르기도 합니다. 작은 문제에서는 그 차이가 그리 중요하지 않습니다.
- 공간에 대해서 잊지 마세요. 지금까지 실행시간에 초점을 맞추었지만, 다른 구현은 다른 양의 공간이 필요합니다. ArrayList에서 요소들은 한 덩어리의 메모리 안에 나란히 저장되어 거의 낭비되는 공간이 없고, 컴퓨터 하드웨어도 연속된 덩어리에서 종종 속도가 더 빠릅니다. 연결 리스트에서 각 요소는 하나 또는 두 개의 참조가 있는 노드가 필요합니다. 참조는 공간을 차지합니다(때로는 데이터보다 클 수도 있음). 메모리 여기저기에 노드가 흩어져 있으면 하드웨어의 효율이 떨어질 수 있습니다.

요약하면 알고리즘 분석은 자료구조를 선택하는 지침을 제공하지만, 오직 다음 조건일 때만 유효합니다.

1. 응용 프로그램의 실행시간이 중요하다.

2. 응용 프로그램의 실행시간이 선택한 자료구조에 의존한다.

3. 증가 차수에 따라 어느 자료구조가 나은지 실제로 예측할 수 있을 만큼 문제 크기가 충분히 크다.

여러분은 오랜 시간 소프트웨어 엔지니어로 일하면서도 이러한 상황을 접하지 못하였을 수도 있습니다.

CHAPTER 6

트리 순회

이 장에서는 책의 나머지 부분에서 개발할 응용 프로그램인 웹 검색 엔진을 소개합니다. 검색 엔진의 요소를 설명하고, 위키피디아에서 페이지를 다운로드하고 파싱하는 웹 크롤러web crawler 라는 첫 번째 응용 프로그램을 소개합니다. 또한, 깊이 우선 탐색depth-first search의 재귀적recursive 구현과 후입선출last in, first out, LIFO 스택 구현을 위해 자바 Deque 인터페이스를 사용하는 반복적 iterative 구현을 제공합니다.

6.1 검색 엔진

구글이나 빙Bing 같은 웹 검색 엔진web search engine은 일련의 검색어를 받아 그와 관련된relevant 웹 페이지 목록을 반환합니다('관련'의 의미는 나중에 설명). 자세한 내용은 http://thinkdast.com/searcheng을 참고하길 바라며 여기서는 이 장을 진행하는 데 필요한 내용만 설명합니다.

검색 엔진의 필수 요소는 다음과 같습니다.

- **크롤링**crawling
  웹 페이지를 다운로드하고 파싱하고 텍스트와 다른 페이지로의 링크를 추출하는 프로그램
- **인덱싱**indexing
  검색어를 조회하고 해당 검색어를 포함한 페이지를 찾는 데 필요한 자료구조
- **검색**retrieval
  인덱스에서 결과를 수집하고 검색어와 가장 관련된 페이지를 식별하는 방법

크롤러^{crawler}부터 시작합니다. 크롤러의 목표는 일련의 웹 페이지를 발견하고 다운로드하는 것입니다. 구글과 빙 같은 검색 엔진의 목표는 모든 웹 페이지를 찾는 것이지만, 종종 크롤러는 좀 더 작은 영역으로 한정하기도 합니다. 이 책에서는 위키피디아에서만 페이지를 읽습니다.

첫 단계로 위키피디아 페이지를 읽고 첫 번째 링크를 찾고 다른 페이지로 링크를 따라가기를 반복하는 크롤러를 만듭니다. 이 크롤러로 다음 내용의 '철학으로 가는 길^{Getting to Philosophy}' 추측을 테스트합니다.

위키피디아 글의 본문에 있는 첫 번째 소문자 링크를 클릭하고 이어지는 기사에서도 이 절차를 반복하면 보통 마지막에는 철학 글에 도달하게 된다.

이 추측은 http://thinkdast.com/getphil에 나와 있으며 그에 관한 이력도 소개하고 있습니다. 이 추측을 테스트하는 것은 웹이나 위키피디아 전체를 크롤링하지 않고도 크롤러의 기본 조각을 만들 수 있게 합니다. 또한, 재미도 있습니다.

이어지는 몇 개의 절에서 인덱서^{indexer}와 검색기^{retriever}를 알아보겠습니다.

6.2 HTML 파싱하기

웹 페이지를 다운로드할 때 그 내용은 하이퍼텍스트 마크업 언어^{HyperText Markup Language, HTML}로 작성되어 있습니다. 예를 들어, 최소한의 HTML 문서 형태는 다음과 같습니다.

```
<!DOCTYPE html>
<html>
    <head>
        <title>This is a title</title>
    </head>
    <body>
        <p>Hello world!</p>
    </body>
</html>
```

'This is a title'과 'Hello world!'는 페이지에 실제로 나타나는 텍스트고, 다른 요소는 텍스트를 표시하는 방법을 나타내는 태그입니다.

크롤러가 페이지를 다운로드하면 HTML 페이지를 파싱하여 본문과 링크를 추출해야 합니다. 이를 위해 HTML 페이지를 다운로드하고 파싱하는 오픈소스 자바 라이브러리인 jsoup을 사용합니다. HTML 파싱의 결과는 본문과 태그 같은 문서 요소를 담고 있는 문서 객체 모델 _{document object model, DOM} 트리입니다. 이 트리는 노드로 이루어진 연결 자료구조로, 각 노드는 텍스트와 태그, 다른 문서 요소를 나타냅니다.

노드 간의 관계는 문서 구조로 결정됩니다. 앞의 예에서 루트^{root}라는 첫 번째 노드는 ⟨html⟩ 태그입니다. 여기에는 포함된 두 노드, 즉 ⟨head⟩와 ⟨body⟩에 대한 링크를 담고 있습니다. 이 노드들은 루트 노드의 자식^{children} 노드입니다.

⟨head⟩ 노드는 ⟨title⟩이라는 자식 노드가 하나 있고 ⟨body⟩ 노드는 ⟨p⟩(p는 단락^{paragraph}을 의미)라는 자식 노드가 하나 있습니다. 다음은 이 트리를 그림으로 보여줍니다.

그림 6-1 단순한 HTML 페이지의 DOM 트리

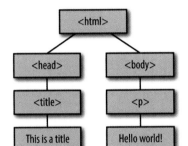

각 노드는 자식 노드에 대한 링크를 포함합니다. 또한, 각 노드는 부모^{parent} 노드에 대한 링크도 포함하고 있어서 트리를 위아래로 탐색할 수 있습니다. 실제 페이지의 DOM 트리는 보통 이 예제보다 훨씬 복잡합니다.

대부분 웹 브라우저는 여러분이 보는 페이지의 DOM 트리를 조사하는 도구를 제공합니다. 크롬에서는 웹 페이지를 오른쪽 클릭하고 팝업 메뉴에서 [검사(N)]를 선택하면 됩니다. 파이어폭스에서는 오른쪽 클릭하고 메뉴에서 [요소 검사(Q)]를 선택합니다. 사파리는 Web Inspector라는 도구를 제공하며 자세한 내용은 https://apple.co/2rzbCPb를 참고하세요. 인터넷 익스플로러는 http://bit.ly/2La8Ess를 참고하세요.

[그림 6-2]는 자바 언어에 대한 위키피디아 페이지(http://thinkdast.com/java)의 DOM 트리 스크린샷입니다. 회색으로 강조 표시된 요소는 글의 본문 첫 단락으로, id="mw-content-text" 인 〈div〉 요소에 포함됩니다. 이 요소 ID를 사용하여 다운로드한 글의 본문을 식별합니다.

그림 6-2 크롬 DOM 검사기의 스크린샷

6.3 jsoup 사용하기

jsoup 라이브러리를 사용하면 웹 페이지를 다운로드하고 파싱하고 DOM 트리를 탐색하기가 쉽습니다. 예제는 다음과 같습니다(파일명: WikiNodeExample.java).

```
String url = "http://en.wikipedia.org/wiki/Java_(programming_language)";
```

```
// 문서를 다운로드하고 파싱하기
Connection conn = Jsoup.connect(url);
Document doc = conn.get();

// 내용을 선택하고 단락 추출하기
Element content = doc.getElementById("mw-content-text");
Elements paragraphs = content.select("p");
```

Jsoup.connect 메서드는 String 타입의 URL을 인자로 받아 웹 서버에 접속합니다. get 메서드는 HTML을 다운로드하여 파싱하고 DOM 트리를 나타내는 Document 객체를 반환합니다.

Document 객체는 트리를 탐색하고 노드를 선택하는 메서드를 제공합니다. 사실, 수많은 메서드가 제공되어 혼란스러울 수도 있습니다. 이 예제에서는 노드를 선택하는 두 가지 방법을 보여줍니다.

- getElementById 메서드는 String을 인자로 받아 일치하는 id 필드를 갖는 요소를 트리에서 찾습니다. 여기서는 <div id="mw-content-text" lang="en" dir="ltr" class="mw-content-ltr"> 노드를 선택합니다. 이 메서드는 모든 위키피디아 페이지에서 네비게이션 사이드바와 다른 요소가 아니라 페이지 본문을 포함한 <div> 요소를 식별할 수 있게 합니다.
  getElementById 메서드의 반환값은 이 <div> 요소를 나타내는 Element 객체로, 그 하위에 있는 자식과 손자 요소들의 참조를 포함합니다.
- select 메서드는 String을 인자로 받아 트리를 탐색하고 String과 일치하는 태그를 가진 모든 요소를 반환합니다. 이 예제에서는 content 변수에 있는 모든 단락 태그를 반환하며 반환형은 Elements 객체입니다.

좀 더 진행하기에 앞서 여러분은 이 클래스들의 문서를 훑어보고 이들이 어떤 기능을 제공하는지 알아야 합니다. 가장 중요한 클래스는 Element와 Elements, Node입니다. 자세한 내용은 http://thinkdast.com/jsoupelt, http://thinkdast.com/jsoupelts, http://thinkdast.com/jsoupnode를 참고하세요

Node 클래스는 DOM 트리에서 노드를 의미합니다. Node 하위 클래스에는 Element와 TextNode, DataNode, Comment 등이 있습니다. Elements 클래스는 Element 객체의 컬렉션입니다.

[그림 6-3]은 이 클래스들의 관계를 보여주는 UML 다이어그램입니다. UML 클래스 다이어그램에서 속이 빈 화살촉 모양 선은 한 클래스가 다른 클래스를 확장한다는 것을 나타냅니다. 예를 들어, 이 다이어그램은 Elements 클래스가 ArrayList 클래스를 확장함을 보여줍니다.

UML 다이어그램에 관해서는 **11.6 UML 클래스 다이어그램**을 참고하세요.

그림 6-3 jsoup 라이브러리의 주요 클래스를 포함하는 UML 다이어그램

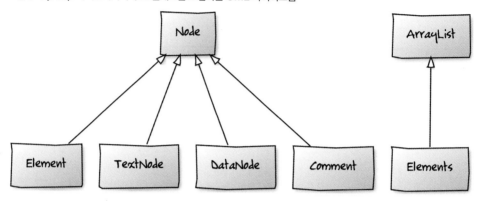

6.4 DOM 트리 반복하기

여러분이 쉽게 작업하도록 이 책에서는 DOM 트리의 노드를 따라 반복하는 WikiNote Iterable 클래스를 제공합니다. 이 클래스는 다음과 같이 사용합니다 (파일명: WikiNodeExample. java).

```
Elements paragraphs = content.select("p");
Element firstPara = paragraphs.get(0);

Iterable<Node> iter = new WikiNodeIterable(firstPara);
for (Node node: iter) {
    if (node instanceof TextNode) {
        System.out.print(node);
    }
}
```

이 예제는 앞의 소스 코드 뒤에 이어서 진행합니다. paragraphs 변수에서 첫 번째 단락을 선택한 다음 Iterable<Node> 인터페이스를 구현하는 WikiNodeIterable 객체를 생성합니다. WikiNodeIterable 클래스는 깊이 우선 탐색을 실행하여 페이지에 나타나는 순서대로 노드를 제공합니다.

이 예제에서는 TextNode에 대해서만 Node 객체를 프린트하고 다른 Node의 타입은 무시합니다. 특히 태그를 의미하는 Element 객체들이 이에 해당합니다. 결과는 어떤 마크업도 없는 평문의 HTML 단락입니다. 출력 결과는 다음과 같습니다.

```
Java is a general-purpose computer programming language that is concurrent,
classbased, object-oriented,[13] and specifically designed …
```

6.5 깊이 우선 탐색

트리를 탐색하는 방법은 응용 방법에 따라 몇 가지가 있습니다. 먼저 깊이 우선 탐색^{depth-first} ^{search, DFS}부터 시작합니다. DFS는 트리의 루트에서 시작하여 첫 번째 자식 노드를 선택합니다. 자식이 자식을 가지고 있다면 첫 번째 자식을 다시 선택합니다. 자식이 없는 노드에 도착하면 부모 노드로 거슬러 올라가고 부모 노드에 다음 자식이 있다면 그쪽으로 이동합니다. 다음 자식이 없다면 다시 거슬러 올라갑니다. 루트의 마지막 노드까지 탐색하면 종료합니다.

DFS를 구현하는 방법에는 재귀적 방법과 반복적 방법 두 가지가 있습니다. 재귀적 구현은 단순하고 우아합니다(파일명: WikiNodeExample.java).

```java
private static void recursiveDFS(Node node) {
    if (node instanceof TextNode) {
        System.out.print(node);
    }
    for (Node child: node.childNodes()) {
        recursiveDFS(child);
    }
}
```

이 메서드는 루트에서 시작하여 트리에 있는 모든 Node를 호출합니다. Node가 TextNode면 그 내용을 출력합니다. Node에 자식이 있다면 자식 순서대로 각각 recursiveDFS 메서드를 호출합니다.

이 예제에서는 자식 노드를 탐색하기에 앞서 각 TextNode의 내용을 출력하므로 전위 순회에 해당합니다. 전위[pre-order]와 후위[post-order], 중위[in-order] 순회에 대해서는 http://thinkdast.com/treetrav를 참고하세요. 여기서는 순회 순서가 중요하지 않습니다.

재귀적 호출을 하면 recursiveDFS 메서드는 호출 스택[call stack]을 사용하여(자세한 내용은 http://thinkdast.com/callstack 참고) 자식 노드를 추적하고 올바른 순서로 자식 노드를 처리합니다. 대안으로 스택 자료구조를 사용하여 스스로 노드를 추적할 수도 있습니다. 이렇게 하면 재귀 호출을 하지 않고 반복적으로 트리를 탐색할 수 있습니다.

6.6 스택

반복문을 사용하는 DFS를 설명하기에 앞서 스택 자료구조를 먼저 설명하겠습니다. 일반적인 개념의 스택[stack]부터 시작합니다. 그다음 스택 메서드를 정의하는 자바 interface인 Stack과 Deque을 알아보겠습니다.

스택은 리스트와 유사한 자료구조로, 요소의 순서를 유지하는 컬렉션입니다. 스택과 리스트의 주요한 차이점은 스택이 좀 더 적은 메서드를 제공한다는 것입니다. 일반적인 규약에서 다음 메서드를 제공합니다.

- **push**
  스택의 최상단에 요소를 추가합니다.

- **pop**
  스택의 최상단에 있는 요소를 제거하고 반환합니다.

- **peek**
  최상단의 요소를 반환하지만 스택을 수정하지는 않습니다.

- **isEmpty**
  스택이 비어 있는지 알려 줍니다.

pop 메서드는 항상 최상단의 요소를 반환하므로 스택은 LIFO[last in, first out](후입선출)로도 불립니다. 스택의 대안인 큐[queue]는 입력한 순서대로 요소를 반환하는 FIFO[first in, first out](선입선출)입니다.

왜 스택과 큐가 유용한지는 명확해 보이지 않습니다. 이들은 리스트에서 제공하지 않는 기능을 제공하지 않습니다. 사실, 그보다 적은 기능을 제공합니다. 그렇다면 왜 모든 경우에서 리스트를 사용하지 않을까요? 여기에는 두 가지 이유가 있습니다.

1. 메서드의 개수를 작게 유지하면(즉, 작은 API) 코드는 가독성이 높아지고 오류 발생 가능성도 줄어듭니다. 예를 들어, 리스트를 사용하여 스택을 표현하면 우연히 잘못된 순서로 요소를 제거할 수도 있습니다. 스택 API에서는 이러한 실수가 발생할 수 없습니다. 오류를 피하는 가장 좋은 방법은 오류가 발생하지 않게 하는 것입니다.

2. 자료구조에서 작은 API를 제공하면 효율적으로 구현하기가 더 쉽습니다. 예를 들어, 스택을 구현하는 단순한 방법은 단일 연결 리스트를 사용하는 것입니다. 요소를 스택에 push하면 리스트의 시작에 요소를 추가합니다. 요소를 pop하면 시작에서 요소를 제거합니다. 연결 리스트에서 시작에 요소를 추가하고 제거하는 것은 상수 시간 연산이므로 이 구현은 효율적입니다. 반대로 큰 API는 효율적으로 구현하기 어렵습니다.

자바로 스택을 구현하는 데는 세 가지 선택 사항이 있습니다.

1. 기존 ArrayList나 LinkedList 클래스를 사용합니다. ArrayList를 사용한다면 요소를 끝에 넣고 제거해야 합니다. 이 작업은 상수 시간 연산입니다. 그리고 잘못된 위치에 요소를 추가하거나 잘못된 순서로 제거하지 않도록 주의해야 합니다.

2. 자바는 Stack 클래스를 제공하여 스택 메서드의 표준 구현을 제공합니다. 하지만 이 클래스는 오래된 자바 버전이어서 이후에 나온 JCF와 일치하지 않습니다.

3. 아마도 가장 좋은 선택은 ArrayDeque 클래스 같은 Deque 인터페이스를 구현한 클래스를 사용하는 것입니다.

Deque은 '양쪽에 끝이 있는 큐'입니다. '덱'이라고 발음하면 되지만 어떤 사람은 '딕'이라고도 합니다. 자바에서 Deque 인터페이스는 push와 pop, peek, isEmpty 메서드를 제공하므로 Deque을 스택으로 사용할 수 있습니다. http://thinkdast.com/deque을 보면 더 많은 메서드를 제공하지만, 여기에서는 사용하지 않습니다.

6.7 반복적 DFS

다음은 ArrayDeque 클래스로 Node 객체의 스택을 표현하는 반복적 DFS입니다(파일명: WikiNode Example.java).

```java
private static void iterativeDFS(Node root) {
    Deque<Node> stack = new ArrayDeque<Node>();
    stack.push(root);

    while (!stack.isEmpty()) {
        Node node = stack.pop();
        if (node instanceof TextNode) {
            System.out.print(node);
        }

        List<Node> nodes = new ArrayList<Node>(node.childNodes());
        Collections.reverse(nodes);

        for (Node child: nodes) {
            stack.push(child);
        }
    }
}
```

인자인 root는 탐색하려는 트리의 루트입니다. 따라서 스택을 생성하고 생성한 스택에 루트를 push합니다. 반복문은 스택이 빌 때까지 계속합니다. 각 반복은 스택에서 Node를 pop합니다. TextNode면 내용을 출력하고 자식 노드를 스택에 push합니다. 올바른 순서로 자식 노드를 처리하려면 자식 노드를 역순으로 스택에 push합니다. 이를 처리하기 위해 자식 노드를 ArrayList로 복사하여 요소의 위치를 역순으로 만들고 역전된 ArrayList에 반복문을 실행합니다.

반복적 DFS의 장점은 자바 Iterator로 구현하기 쉽다는 것입니다. 다음 장에서 이를 어떻게 구현하는지 알아봅니다.

Deque 인터페이스에 대해 마지막으로 살펴볼 내용은 ArrayDeque 클래스 말고도 자바는 Deque 인터페이스를 구현하는 다른 클래스도 제공한다는 것입니다. 오래된 친구인 Linked List입니다. LinkedList 클래스는 List와 Deque 인터페이스를 둘 다 구현합니다. 어느 인터페이스를 사용하느냐에 따라 활용 방법이 달라집니다.

예를 들어, LinkedList 객체를 Deque 변수에 다음과 같이 할당할 수 있습니다. 이렇게 하면 Deque 인터페이스의 메서드를 호출할 수 있지만, List 인터페이스의 메서드는 사용할 수 없습니다.

```
Deque<Node> deque = new LinkedList<Node>();
```

또한, LinkedList 객체를 List 변수에 다음과 같이 할당할 수 있습니다. 이렇게 하면 List 인터페이스의 메서드는 사용할 수 있지만, Deque 인터페이스의 메서드는 사용할 수 없습니다.

```
List<Node> deque = new LinkedList<Node>();
```

다음과 같이 할당할 수도 있습니다. 모든 메서드를 호출할 수 있지만, 두 개의 서로 다른 인터페이스가 혼합되어 코드의 가독성이 떨어지고 오류 발생 가능성이 커집니다.

```
LinkedList<Node> deque = new LinkedList<Node>();
```

　자바로 배우는 핵심 자료구조와 알고리즘

CHAPTER 7

철학으로 가는 길

이 장은 6.1 **검색 엔진**에서 다룬 '철학으로 가는 길' 추측을 테스트하는 웹 크롤러를 개발하는
것이 목표입니다.

7.1 시작하기

예제 코드 저장소에는 개발을 시작하는 데 도움을 주는 몇 가지 코드가 있습니다.

- **WikiNodeExample.java**
  이 파일은 DOM 트리에서 재귀적 방법과 반복적 방법으로 DFS를 구현한 앞 장의 코드를 담고 있습니다.

- **WikiNodeIterable.java**
  이 파일은 DOM 트리를 탐색하는 Iterable 클래스를 포함합니다. 코드는 다음 절에서 설명합니다.

- **WikiFetcher.java**
  이 파일에는 jsoup 라이브러리를 활용하여 위키피디아 페이지를 다운로드하는 유틸리티 클래스가 있습니다.
  이 클래스는 위키피디아의 서비스 약관[terms of service]을 준수하고자 다운로드 속도를 제한합니다. 초당 1페이지
  이상을 요청하면 다음 페이지를 다운로드할 때 지연됩니다.

- **WikiPhilosophy.java**
  이 파일에는 이번 예제에서 작성할 코드의 개요가 들어 있습니다.

앤트 빌드 파일인 build.xml도 볼 수 있습니다. ant WikiPhilosophy 명령을 실행하면 예제
가 실행됩니다.

7.2 Iterable과 Iterator

앞 장에서 반복적 DFS를 다루었는데, 재귀적 DFS와 비교하였을 때 반복적 DFS의 이점은 Iterator 객체로 래핑하기가 좀 더 쉽다는 것입니다. 이 절에서는 이것을 어떻게 하는지 살펴보겠습니다. Iterator와 Iterable 인터페이스를 잘 모른다면 http://thinkdast.com/iterator와 http://thinkdast.com/iterable을 참고하기 바랍니다.

WikiNodeIterable.java 파일의 내용을 살펴보겠습니다. 외부 클래스인 WikiNodeIterable 은 Iterable<Node> 인터페이스를 구현하므로 다음과 같이 반복문에서 사용할 수 있습니다.

```
Node root = ...
Iterable<Node> iter = new WikiNodeIterable(root);
for (Node node: iter) {
    visit(node);
}
```

여기서 root는 탐색하려는 트리의 루트고, visit 메서드는 노드를 방문할 때 원하는 동작을 하는 메서드입니다.

WikiNodeIterable 클래스의 구현은 전통적인 공식을 따릅니다.

1. 생성자는 루트 노드에 대한 참조를 인자로 받아 저장합니다.

2. iterator 메서드는 Iterator 객체를 생성하여 반환합니다.

코드는 다음과 같습니다(파일명: WikiNodeIterable.java).

```
public class WikiNodeIterable implements Iterable<Node> {

    private Node root;

    public WikiNodeIterable(Node root) {
        this.root = root;
    }

    @Override
    public Iterator<Node> iterator() {
        return new WikiNodeIterator(root);
    }
}
```

내부 클래스인 `WikiNodeIterator`가 실제 모든 작업을 수행합니다(파일명: `WikiNodeIterable.java`).

```java
private class WikiNodeIterator implements Iterator<Node> {

    Deque<Node> stack;

    public WikiNodeIterator(Node node) {
        stack = new ArrayDeque<Node>();
        stack.push(root);
    }

    @Override
    public boolean hasNext() {
        return !stack.isEmpty();
    }

    @Override
    public Node next() {
        if (stack.isEmpty()) {
            throw new NoSuchElementException();
        }

        Node node = stack.pop();
        List<Node> nodes = new ArrayList<Node>(node.childNodes());
        Collections.reverse(nodes);
        for (Node child: nodes) {
            stack.push(child);
        }
        return node;
    }
}
```

이 코드는 반복적 DFS와 거의 동일하지만, 메서드 세 개로 나뉩니다.

1. 생성자는 스택(ArrayDeque 클래스로 구현)을 초기화하고 그 안에 루트 노드를 push합니다.

2. isEmpty 메서드는 스택이 비었는지 확인합니다.

3. next 메서드는 스택에서 다음 Node를 pop하고 그 자식 노드들은 역순으로 push한 후 pop한 Node를 반환합니다. 누군가 빈 Iterator에서 next 메서드를 호출하면 예외를 던집니다.

두 개의 클래스와 다섯 개의 메서드를 완벽하게 좋은 메서드로 재작성하는 것이 의미 있는 일인지는 분명해 보이지 않습니다. 하지만 지금까지 해놓은 것을 기반으로 Iterable 객체 대신 WikiNodeIterable 객체를 사용합니다. 이를 통해 노드를 반복적으로 탐색(DFS)하는 로직과 그 노드를 처리하는 로직을 쉽고 깔끔하게 분리할 수 있습니다.

7.3 WikiFetcher

웹 크롤러를 만들 때 너무 빨리 많은 페이지를 다운로드하면 서버의 서비스 약관을 위반할 수 있습니다. 이를 예방하기 위해 다음 두 가지 역할을 하는 WikiFetcher 클래스를 제공합니다.

1. 위키피디아의 페이지를 다운로드하여 HTML을 파싱하고 본문을 선택하는 앞 장에서 설명한 코드를 캡슐화합니다.

2. 요청 사이 시간을 측정하여 충분한 시간이 확보되지 않을 때는 적절한 시간 동안 동작을 지연(sleep)합니다. 기본값은 1초입니다.

WikiFetcher 클래스의 코드는 다음과 같습니다(파일명: WikiFetcher.java).

```java
public class WikiFetcher {
    private long lastRequestTime = -1;
    private long minInterval = 1000;

    /**
     * URL을 파싱하고 본문을 가져옵니다
     * 단락 요소의 리스트를 반환합니다
     */
    public Elements fetchWikipedia(String url) throws IOException {
        sleepIfNeeded();

        Connection conn = Jsoup.connect(url);
        Document doc = conn.get();
        Element content = doc.getElementById("mw-content-text");
        Elements paras = content.select("p");
        return paras;
    }

    private void sleepIfNeeded() {
        if (lastRequestTime != -1) {
```

```
        long currentTime = System.currentTimeMillis();
        long nextRequestTime = lastRequestTime + minInterval;
        if (currentTime < nextRequestTime) {
            try {
                Thread.sleep(nextRequestTime - currentTime);
            } catch (InterruptedException e) {
                System.err.println(
                    "Warning: sleep interrupted in fetchWikipedia.");
            }
        }
    }
    lastRequestTime = System.currentTimeMillis();
}
}
```

유일한 public 메서드인 fetchWikipedia는 URL 문자열을 인자로 받아 페이지 본문의 각 단락을 위한 DOM 객체를 담은 Elements 컬렉션을 반환합니다. 이 코드는 친숙해 보입니다.

새로운 코드는 sleepIfNeed 메서드입니다. 바로 앞 요청 이후 경과 시간을 검사하여 그 간격이 minInterval(단위는 밀리 초) 미만이면 동작을 지연합니다.

이것이 WikiFetcher 클래스의 전부입니다. 다음 코드는 이 클래스를 어떻게 사용하는지를 보여줍니다.

```
WikiFetcher wf = new WikiFetcher();

for (String url: urlList) {
    Elements paragraphs = wf.fetchWikipedia(url);
    processParagraphs(paragraphs);
}
```

이 예제에서 urlList는 String 객체의 컬렉션이고 processParagraphs 메서드는 fetchWikipedia 메서드에서 반환한 Elements 객체로 무언가를 한다고 가정합니다.

이 예제는 중요한 사항을 보여줍니다. WikiFetcher 객체를 하나만 생성하고 그것으로 모든 요청을 처리해야 합니다. WikiFetcher 객체가 여러 개면 요청 사이의 최소 간격을 강제할 수 없습니다.

7.4 실습 5

WikiPhilosophy.java 파일에는 지금까지 배운 내용을 어떻게 사용하는지 보여주는 간단한 main 메서드가 있습니다. 이 코드에서 시작하여 크롤러를 작성하는 것이 과제입니다.

1. 위키피디아 페이지의 URL을 가져와서 페이지를 다운로드하고 파싱합니다.

2. 결과 DOM 트리를 탐색하여 첫 번째 유효한 노드를 찾습니다. '유효한'의 의미는 뒤에서 설명합니다.

3. 페이지에 링크가 없거나 첫 번째 링크가 이미 본 페이지라면 프로그램은 실패를 표시하고 종료합니다.

4. 링크가 위키피디아의 철학 페이지와 일치하면 프로그램은 성공을 표시하고 종료합니다.

5. 그렇지 않으면 다시 1단계로 돌아갑니다.

프로그램은 방문하는 URL 리스트를 만들고 성공하든 실패하든 상관없이 마지막에 결과를 표시합니다.

그렇다면 '유효한' 링크란 무엇일까요? 여기에 몇 가지 선택 사항이 있습니다. '철학으로 가는 길' 추측의 다양한 버전에는 다소 다른 법칙을 적용하지만, 다음과 같은 몇 가지 선택 사항이 있습니다.

1. 링크는 사이드바sidebar 또는 박스아웃boxout[1]이 아닌 페이지 본문에 있어야 합니다.

2. 링크는 이탤릭체나 괄호 안에 없어야 합니다.

---

1 옮긴이주_위키피디아 페이지 오른쪽 요약 박스를 의미합니다.

3. 외부 링크와 현재 페이지에 대한 링크, 레드 링크red link[2]는 건너뜁니다.

4. 일부 버전에서 텍스트가 대문자로 시작한다면 링크는 건너뜁니다.

이 모든 법칙을 적용할 필요는 없지만, 적어도 괄호와 이탤릭체, 현재 페이지에 대한 링크 처리는 따르기를 추천합니다.

1. 트리를 탐색할 때 처리해야 할 두 가지 Node 클래스는 TextNode와 Element입니다. Element를 찾으면 아마도 태그와 다른 정보에 접근하기 위해 형변환type casting을 하게 됩니다.

2. 링크를 포함한 Element 객체를 찾으면 트리의 부모 링크를 따라가면서 이탤릭체인지 확인합니다. 부모 체인에 〈i〉나 〈em〉 태그가 있으면 해당 링크는 이탤릭체입니다.

3. 링크가 괄호에 있는지 확인하려면 트리를 탐색하면서 텍스트를 스캔하고 여는 괄호와 닫는 괄호를 추적해야 합니다(이상적으로는 (이것)처럼 중첩된 괄호도 처리할 수 있어야 합니다).

4. '자바' 페이지(http://thinkdast.com/java)에서 시작하면 반드시 '철학' 페이지에 이르게 됩니다(필자가 구현하였을 때를 기준으로 7개의 링크를 따르면 됩니다).

좋습니다. 다음으로 갈 수 있는 모든 도움을 드렸습니다. 이제 여러분 차례입니다. 즐겁게 코딩하세요!

옮긴이 NOTE_ 번역 당시에는 문제없었으나 출간 전 확인해 보니 7번째 링크를 따라가면 3번째 링크인 'Mathematics' 페이지와 고리가 형성되어 철학 페이지에 이르지 못하고 중단됩니다.

```
WikiPhilosophy:
        [java] Fetching https://en.wikipedia.org/wiki/Java_(programming_language)...
        [java] **computer-programming language**
        [java] Fetching https://en.wikipedia.org/wiki/Programming_language...
        [java] **formal language**
        [java] Fetching https://en.wikipedia.org/wiki/Formal_language...
        [java] **mathematics**
        [java] Fetching https://en.wikipedia.org/wiki/Mathematics...
        [java] **quantity**
        [java] Fetching https://en.wikipedia.org/wiki/Quantity...
```

2 옮긴이주_페이지를 찾을 수 없는 깨진 링크를 의미합니다.

```
[java] **multitude**[java] **elements**
[java] Fetching https://en.wikipedia.org/wiki/Element_(mathematics)...
[java] We're in a loop, exiting.
[java] **mathematics**
```

mathmatics가 두 번 나왔습니다(무한 루프).

CHAPTER 8

인덱서

지금까지 간단한 웹 크롤러를 만들었습니다. 다음 할 일은 인덱스index입니다. 웹 검색에서 인덱스는 검색어를 바탕으로 관련 페이지를 찾을 수 있게 하는 자료구조입니다. 또한, 검색어가 각 페이지에 몇 번이나 등장하는지 알아내어 가장 관련성이 높은 페이지를 식별할 수 있게 합니다.

예를 들어, 사용자가 'Java'와 'programming'이라는 검색어를 입력하면 두 검색어를 모두 검색하여 두 개의 페이지 집합을 골라냅니다. 'Java'라는 단어가 있는 페이지는 자바섬에 대한 내용, 커피의 별명, 프로그래밍 언어에 대한 페이지가 포함됩니다. 'Programming'이 포함된 페이지에는 서로 다른 프로그래밍 언어뿐만 아니라 이 단어의 다른 용도에 대해서도 나옵니다. 두 검색어에 관한 페이지를 선택하여 관련성이 적은 페이지는 걸러내고 자바 프로그래밍에 대한 페이지만 찾기를 기대합니다.

인덱스가 무엇이고 어떻게 동작하는지 알아보았으므로 인덱스를 표현하는 자료구조를 설계할 수 있습니다.

8.1 자료구조 선택

인덱스의 가장 기본 연산은 조회lookup입니다. 특히 검색어를 조회하여 검색어를 포함한 모든 페이지를 찾는 능력이 필요합니다.

가장 단순한 구현은 페이지의 컬렉션입니다. 검색어가 주어지면 페이지 내용을 반복 조사하여 검색어를 포함한 페이지를 선택합니다. 하지만 실행시간은 모든 페이지의 전체 단어 수에 비례하며 매우 느립니다.

이보다 좀 더 나은 대안은 맵^{map}입니다. 이 자료구조는 키-값 쌍의 컬렉션을 나타내며, 키^{key}와 키에 해당하는 값^{value}를 찾는 빠른 방법을 제공합니다. 예를 들어, 이 장에서 만드는 첫 번째 맵인 TermCounter 클래스는 각 검색어와 해당 검색어가 페이지에서 등장하는 횟수를 매핑합니다. 키는 검색어고, 값은 횟수(또는 빈도)입니다.

자바의 Map 인터페이스는 맵을 구현하는 데 필요한 메서드를 정의합니다. Map 인터페이스에서 가장 중요한 메서드는 다음과 같습니다.

- get(key)
  이 메서드는 키를 조사하여 관련된 값을 반환합니다.

- put(key, value)
  이 메서드는 Map에 새로운 키-값 쌍을 추가하거나 맵에 이미 키가 있으면 key와 관련된 값을 대체합니다.

자바는 Map 인터페이스의 몇 가지 구현을 제공하는데, 이 중에서 HashMap과 TreeMap 두 클래스에 집중합니다. 다음 장에서는 이러한 구현들을 살펴보고 그 성능을 분석하겠습니다.

검색어에 등장 횟수를 매핑하는 TermCounter 클래스와 함께 Index라는 클래스를 정의합니다. 이 클래스는 검색어와 검색어가 등장하는 페이지의 컬렉션을 매핑합니다. 그러면 다음 질문이 떠오릅니다. 페이지의 컬렉션은 어떻게 표현해야 할까요? 우리가 실행하고자 하는 연산을 생각해 보면 결정하는 데 도움이 됩니다.

이때는 두 개 이상의 컬렉션을 조합하여 모든 컬렉션 검색어가 나타나는 페이지를 찾아야 합니다. 이 연산은 교집합^{intersection} 연산으로, 두 집합에 모두 들어 있는 요소의 집합을 의미합니다.

지금까지 예상한 대로 자바는 집합이 수행해야 하는 연산을 정의한 Set 인터페이스를 제공합니다. 이 인터페이스는 실제 교집합 연산을 제공하지는 않지만, 교집합 연산과 다른 집합 연산을 효율적으로 구현할 수 있는 메서드를 제공합니다. Set 인터페이스의 핵심 메서드는 다음과 같습니다.

- add(element)
  이 메서드는 집합에 요소를 추가합니다. 동일한 요소가 집합에 이미 있다면 아무런 효과가 없습니다.

- contains(element)

  이 메서드는 주어진 요소가 집합에 포함되어 있는지 확인합니다.

자바는 HashSet과 TreeSet 클래스 같은 Set 인터페이스의 구현을 제공합니다.

하향식으로 자료구조를 설계했으므로 TermCounter 클래스로 시작하여 안에서 밖으로 구현해보겠습니다.

8.2 TermCounter

TermCounter 클래스는 검색어와 검색어가 페이지에서 등장하는 횟수를 매핑합니다. 클래스 정의의 첫 번째 부분은 다음과 같습니다(파일명: TermCounter.java).

```
public class TermCounter {

    private Map<String, Integer> map;
    private String label;

    public TermCounter(String label) {
        this.label = label;
        this.map = new HashMap<String, Integer>();
    }
}
```

인스턴스 변수는 map과 label입니다. map은 검색어와 등장 횟수를 매핑하고 label은 검색어의 출처가 되는 문서를 식별하는데, 여기에서는 URL을 저장합니다.

매핑을 구현하는 데 필자는 가장 많이 사용하는 Map인 HashMap 클래스를 선택했습니다. 다음 몇 장에 걸쳐 이 클래스의 동작 방식과 왜 이 클래스를 일반적으로 선택하는지를 알아봅니다.

TermCounter 클래스는 다음과 같이 정의한 대로 put과 get 메서드를 제공합니다(파일명: TermCounter.java).

```
public void put(String term, int count) {
    map.put(term, count);
}
```

```
public Integer get(String term) {
    Integer count = map.get(term);
    return count == null ? 0 : count;
}
```

put 메서드는 단지 래퍼 메서드^{wrapper method}로, TermCounter 클래스의 put 메서드를 호출하면 내부에 있는 맵의 put 메서드를 호출합니다.

반면에 get 메서드는 실제로 몇 가지 일을 합니다. TermCounter 클래스의 get 메서드를 호출하면 map 변수의 get 메서드를 호출한 다음 결과를 확인합니다. 검색어가 맵에 없으면 TermCounter.get 메서드는 0을 반환합니다. get 메서드를 이렇게 정의하면 increment TermCount 메서드를 구현하기가 더 쉽습니다. incrementTermCount 메서드는 검색어를 인자로 받아서 검색어와 검색어 관련 횟수를 1씩 올리기 때문입니다(파일명: TermCounter.java).

```
public void incrementTermCount(String term) {
    put(term, get(term) + 1);
}
```

검색어가 이전에 등장한 적이 없으면 get 메서드는 0을 반환합니다. 1을 더한 다음 put 메서드로 새로운 키-값 쌍을 맵에 추가합니다. 검색어가 이미 맵에 있으면 기존 횟수를 가져온 다음 1을 더하고 이 새로운 횟수로 기존 값을 대체합니다.

또한, TermCounter 클래스는 다음과 같이 웹 페이지를 인덱싱하는 보조 메서드를 제공합니다 (파일명: TermCounter.java).

```
public void processElements(Elements paragraphs) {
    for (Node node: paragraphs) {
        processTree(node);
    }
}

public void processTree(Node root) {
    for (Node node: new WikiNodeIterable(root)) {
        if (node instanceof TextNode) {
            processText(((TextNode) node).text());
        }
    }
}
```

```
public void processText(String text) {
    String[] array = text.replaceAll("\\pP", " ").
                          toLowerCase().
                          split("\\s+");

    for (int i=0; i<array.length; i++) {
        String term = array[i];
        incrementTermCount(term);
    }
}
```

- **processElement**

  이 메서드는 jsoup 라이브러리의 Element 객체 컬렉션인 Elements 객체를 인자로 받습니다. 컬렉션에 반복문을 실행하고 Node 객체 각각에 대해 processTree 메서드를 호출합니다.

- **processTree**

  이 메서드는 DOM 트리의 루트를 나타내는 jsoup 라이브러리의 Node 객체를 인자로 받습니다. 이 메서드는 트리에 반복문을 실행하여 텍스트를 포함한 노드를 찾은 다음 텍스트를 추출하여 processText 메서드로 전달합니다.

- **processText**

  이 메서드는 단어와 공백, 구두점 등을 포함한 String 객체를 인자로 받습니다. 구두점은 공백으로 대체하고 나머지 글자는 소문자로 변환한 다음 텍스트를 단어로 나눕니다. 그리고 각 단어에 반복문을 실행하여 단어별로 incrementTermCount 메서드를 호출합니다. replaceAll과 split 메서드는 정규 표현식^{regular expression}을 인자로 받습니다. 이에 대한 자세한 내용은 http://thinkdast.com/regex를 참고하세요.

마지막으로 TermCounter 클래스를 사용하는 방법은 다음과 같습니다(파일명:TermCounter.java).

```
String url = "http://en.wikipedia.org/wiki/Java_(programming_language)";
WikiFetcher wf = new WikiFetcher();
Elements paragraphs = wf.fetchWikipedia(url);

TermCounter counter = new TermCounter(url);
counter.processElements(paragraphs);
counter.printCounts();
```

이 예제는 WikiFetcher 클래스를 사용하여 위키피디아에서 페이지를 다운로드하고 본문을 파싱합니다. 그리고 TermCounter 객체를 생성하여 페이지에 있는 단어 개수를 셉니다.

다음 절에서는 이 코드를 실행하고 빠진 메서드의 내용을 채우면서 여러분이 내용을 이해하였는지 확인해 보겠습니다.

8.3 실습 6

이 책의 코드 저장소에서 실습을 위한 다음 소스 코드를 찾을 수 있습니다.

- **TermCounter.java**

  앞 절의 코드가 있습니다.

- **TermCounterTest.java**

  TermCounter.java 파일을 위한 테스트 코드가 있습니다.

- **Index.java**

  이 실습 다음 부분의 클래스 정의가 있습니다.

- **WikiFetcher.java**

  앞의 실습에서 웹 페이지를 다운로드하고 파싱하는 데 사용한 클래스가 있습니다.

- **WikiNodeIterable.java**

  DOM 트리에서 노드를 순회하는 데 사용한 클래스가 있습니다.

또한, 앤트 빌드 파일인 build.xml이 있습니다.

ant build 명령을 실행하면 소스 코드를 컴파일합니다. 그리고 ant TermCounter를 실행하면 앞 절에서 나온 코드를 실행하고 검색어와 검색어의 등장 횟수 리스트를 출력합니다. 출력 결과는 다음과 같습니다.

```
genericservlet, 2
configurations, 1
claimed, 1
servletresponse, 2
occur, 2
Total of all counts = -1
```

실행할 때 검색어의 순서는 다를 수 있습니다. 마지막 줄은 전체 검색어의 등장 횟수를 출력하게 되어 있지만, size 메서드가 불완전하여 현재는 -1을 반환합니다. size 메서드를 채우고 ant TermCounter 를 다시 실행해 봅니다. 결과는 4798이 되어야 합니다. ant TermCounterTest를 실행하여 실습의 이 부분이 완전하고 정확한지 확인합니다.

실습의 두 번째 부분은 Index 객체의 구현으로, 빠진 부분을 채워야 합니다. 클래스 정의의 시작은 다음과 같습니다(파일명: Index.java).

```
public class Index {

    private Map<String, Set<TermCounter>> index =
        new HashMap<String, Set<TermCounter>>();

    public void add(String term, TermCounter tc) {
        Set<TermCounter> set = get(term);

        // 어떤 검색어를 처음 찾으면 새로운 Set을 생성합니다
        if (set == null) {
            set = new HashSet<TermCounter>();
            index.put(term, set);
        }
        // 그렇지 않으면 기존 Set을 변경합니다
        set.add(tc);
    }

    public Set<TermCounter> get(String term) {
        return index.get(term);
    }
```

인스턴스 변수인 index는 검색어별로 TermCounter의 Set 객체와 매핑합니다. 각 Term Counter 객체는 검색어가 등장하는 웹 페이지를 의미합니다.

add 메서드는 검색어와 연관된 집합에 새로운 TermCounter 객체를 추가합니다. 처음 등장한 검색어를 인덱싱할 때는 새로운 집합을 만들어야 합니다. 처음 등장한 검색어가 아니라면 기존 집합에 새로운 요소만 추가합니다. 이때는 set.add 메서드가 index 안에 있는 집합을 변경합니다. 그러나 index 자체를 변경하지는 않습니다. index는 새로운 검색어가 추가되었을 때만 변경합니다.

마지막으로 get 메서드는 검색어를 인자로 받아 그에 맞는 TermCounter 객체의 집합을 반환합니다.

이 자료구조는 적당히 복잡합니다. 검토해 보면 Index 객체는 검색어 대 TermCounter의 Set객체를 매핑하며, 각 TermCounter 객체는 웹 페이지에 있는 검색어의 등장 횟수를 매핑합니다.

다음 그림은 이러한 객체를 보여주는 객체 다이어그램입니다. Index 객체는 index라는 인스턴스 변수를 포함하고 Map을 참조합니다. 이 예제에서는 Map은 오직 'Java'라는 문자열만 가지고 있고 이것은 TermCounter 객체 두 개를 포함한 Set을 매핑합니다. TermCounter 객체는 'Java' 단어가 등장하는 각 페이지에 한 개씩 존재합니다.

그림 8-1 Index 객체의 객체 다이어그램

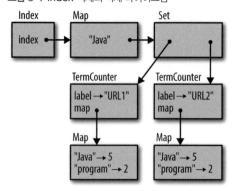

각 TermCounter 객체에는 label과 map 변수가 있습니다. label 변수는 웹 페이지의 URL을 나타내고, map 변수는 페이지의 단어들과 단어별 등장 횟수를 포함한 맵입니다.

다음 printIndex 메서드는 이 자료구조의 내부를 보여줍니다(파일명: Index.java).

```
public void printIndex() {
    // 검색어에 반복문 실행합니다
    for (String term: keySet()) {
        System.out.println(term);

        // 단어별 등장하는 페이지와 등장 횟수를 표시합니다
        Set<TermCounter> tcs = get(term);
        for (TermCounter tc: tcs) {
            Integer count = tc.get(term);
            System.out.println(" " + tc.getLabel() + " " + count);
        }
    }
}
```

외부 반복문은 검색어를 반복하고 내부 반복문은 TermCounter 객체를 반복합니다.

ant build 명령을 실행하여 소스 코드가 컴파일되는지 확인하고 ant Index를 실행합니다. 그러면 두 위키피디아 페이지를 다운로드하고 페이지를 인덱싱하여 결과를 출력합니다. 하지만 실행했을 때 정상적인 출력 결과를 보지 못합니다. 이것은 비어 있는 메서드가 있어서 그렇습니다.

여러분이 할 일은 indexPage 메서드를 채우는 것입니다. 이 메서드는 문자열 URL과 Elements 객체를 인자로 받아 인덱스를 갱신합니다. 다음 주석들은 여러분이 해야 할 일을 알려 줍니다(파일명: Index.java).

```java
public void indexPage(String url, Elements paragraphs) {
    // TermCounter 객체를 만들고 단락에 있는 단어를 셉니다

    // TermCounter에 있는 각 검색어에 대해 TermCounter 객체를 인덱스에 추가합니다
}
```

ant Index를 다시 실행하면 다음과 같은 결과를 얻을 수 있습니다.

```
...
configurations
    http://en.wikipedia.org/wiki/Programming_language 1
    http://en.wikipedia.org/wiki/Java_(programming_language) 1
claimed
    http://en.wikipedia.org/wiki/Java_(programming_language) 1
servletresponse
    http://en.wikipedia.org/wiki/Java_(programming_language) 2
occur
    http://en.wikipedia.org/wiki/Java_(programming_language) 2
```

검색어의 순서는 여러분이 실행할 때 조금 다를 수 있습니다. 또한, ant TestIndex를 실행하여 실습에서 이 부분이 정상 동작하는지 확인합니다.

CHAPTER 9

Map 인터페이스

다음 몇 가지 실습에서 Map 인터페이스의 여러 구현을 알아봅니다. 그중에 하나는 해시 테이블hash table에 기반을 두는데, 해시 테이블은 지금까지 발명된 자료구조 중 단연 으뜸입니다. TreeMap 클래스와 비슷한 다른 하나는 마법까지는 아니지만, 요소를 순서대로 반복할 수 있는 추가 기능을 제공합니다.

이러한 자료구조를 구현해 보고 성능을 분석해 봅니다. 해시 테이블을 설명하기에 앞서 키-값 쌍으로 이루어진 리스트를 사용하여 간단한 Map 인터페이스를 구현해 보겠습니다.

9.1 MyLinearMap 구현하기

앞 장과 마찬가지로 시작 코드를 제공하며 여러분은 빠진 부분을 채우면 됩니다. MyLinearMap 클래스 정의의 시작 부분은 다음과 같습니다(파일명: MyLinearMap.java).

```
public class MyLinearMap<K, V> implements Map<K, V> {

    private List<Entry> entries = new ArrayList<Entry>();
```

이 클래스는 키의 타입인 K와 값의 타입인 V라는 두 개의 타입 파라미터를 받습니다. MyLinear Map 클래스는 Map 인터페이스를 구현하여 필요한 메서드를 제공합니다.

MyLinearMap 객체에는 단일 인스턴스 변수 entries가 있는데, 이는 Entry 객체들을 담은 ArrayList입니다. 각 Entry 객체는 키-값 쌍을 포함합니다. Entry 클래스의 정의는 다음과 같습니다(파일명: MyLinearMap.java).

```java
public class Entry implements Map.Entry<K, V> {
    private K key;
    private V value;

    public Entry(K key, V value) {
        this.key = key;
        this.value = value;
    }

    @Override
    public K getKey() {
        return key;
    }

    @Override
    public V getValue() {
        return value;
    }
}
```

특별한 것은 없습니다. Entry 클래스는 단지 키와 값의 컨테이너입니다. 이 정의는 MyLinear Map 클래스에 중첩되어 있으므로 같은 타입 파라미터인 K와 V를 사용합니다.

실습에 필요한 내용은 모두 살펴보았습니다. 이제 시작해 봅시다.

9.2 실습 7

이 책의 코드 저장소에서 실습을 위한 소스 파일을 찾을 수 있습니다.

- **MyLinearMap.java**
  실습의 첫 번째 부분 시작 코드가 있습니다.

- **MyLinearMapTest.java**
  MyLinearMap 클래스의 유닛 테스트 코드가 있습니다.

또한, 앤트 빌드 파일인 build.xml 파일이 있습니다.

ant build 명령을 실행하여 소스 코드를 컴파일합니다. 그다음 ant MyLinearMapTest 명령을 실행하면 몇 가지 테스트가 실패합니다. 이것은 여러분이 해야 할 일이 있기 때문입니다.

먼저 findEntry 메서드의 내용을 채웁니다. 이 메서드는 헬퍼 메서드로 Map 인터페이스의 일부는 아니지만 일단 동작하면 여러 메서드에서 사용할 수 있습니다. 타깃 키가 주어지면 엔트리를 검색하고 타깃(값이 아닌 키)을 포함하는 엔트리를 반환하거나 키를 못 찾으면 null을 반환합니다. 여기서는 두 키를 비교하고 null을 올바르게 처리하는 equals 메서드를 제공합니다.

ant MyLinearMapTest를 다시 실행합니다. 하지만 여러분이 작성한 findEntry 메서드가 정확하더라도 put 메서드가 완전하지 않아서 테스트는 실패합니다.

put 메서드를 작성하세요. http://bit.ly/2IscLhQ 페이지를 참고하여 Map.put 메서드가 어떻게 동작하는지 알아내야 합니다. 새로운 엔트리를 추가하고 기존 엔트리는 고치지 않는 정도로 put 메서드를 시작하길 원할 것입니다. 이러한 방법으로 간단한 예제를 먼저 테스트할 수 있습니다. 또는 자신 있다면 전체를 한 번에 구현해도 좋습니다.

put 메서드가 정상 동작하면 containKey 메서드에 대한 테스트도 통과합니다.

http://bit.ly/2IvLwDh 페이지를 참고하여 Map.get 메서드를 채우고 테스트를 다시 실행합니다.

마지막으로 http://bit.ly/2IvRBiU 페이지를 참고하여 Map.remove 메서드를 채웁니다.

이제 모든 테스트를 통과할 수 있습니다. 축하합니다.

9.3 MyLinearMap 분석하기

이 절에서는 앞 절에서 한 실습의 해법을 제시하고 핵심 메서드의 성능을 분석합니다. findEntry와 equals 메서드는 다음과 같습니다(파일명: MyLinearMap.java).

```java
private Entry findEntry(Object target) {
    for (Entry entry: entries) {
        if (equals(target, entry.getKey())) {
```

```
                return entry;
            }
        }
        return null;
    }

    private boolean equals(Object target, Object obj) {
        if (target == null) {
            return obj == null;
        }
        return target.equals(obj);
    }
```

equals 메서드의 실행시간은 target과 키의 크기에 의존하지만, 엔트리 개수에 해당하는 n에
는 의존하지 않습니다. 따라서 equals는 상수 시간입니다.

findEntry 메서드에서는 운이 좋으면 처음에 원하는 키를 찾을 수도 있습니다. 하지만 항
상 그럴 리는 없습니다. 일반적으로 검색해야 할 엔트리 개수는 n에 비례합니다. 따라서
findEntry 메서드는 선형입니다.

put과 get, remove 메서드 같은 MyLinearMap 클래스의 핵심 메서드 대부분은 findEntry 메
서드를 호출합니다. 코드는 다음과 같습니다.

```
    public V put(K key, V value) {
        Entry entry = findEntry(key);
        if (entry == null) {
            entries.add(new Entry(key, value));
            return null;
        } else {
            V oldValue = entry.getValue();
            entry.setValue(value);
            return oldValue;
        }
    }

    public V get(Object key) {
        Entry entry = findEntry(key);
        if (entry == null) {
            return null;
        }
        return entry.getValue();
    }
```

```
public V remove(Object key) {
    Entry entry = findEntry(key);
    if (entry == null) {
        return null;
    } else {
        V value = entry.getValue();
        entries.remove(entry);
        return value;
    }
}
```

put 메서드가 findEntry 메서드를 호출한 후에는 모두 상수 시간입니다. entries는 ArrayList 객체이므로 끝에 요소를 추가하는 것은 평균적으로 상수 시간입니다. 키가 이미 맵에 있다면 새로운 엔트리를 추가할 필요가 없지만, entry.getValue와 entry.setValue 메서드는 호출해야 하며 이 메서드들은 둘 다 상수 시간입니다. 모든 내용을 모아보면 put 메서드는 선형입니다. 같은 이유로 get 메서드도 선형입니다.

remove 메서드는 조금 복잡한데, entries.remove 메서드가 ArrayList의 시작이나 중간에서 요소를 제거해야 할 수도 있고 이 메서드가 선형이 될 수도 있기 때문입니다. 하지만 괜찮습니다. 두 개의 선형 연산은 여전히 선형입니다.

요약하면 핵심 메서드는 모두 실행시간이 선형이며 이것이 이 구현을 MyLinearMap이라고 부르는 이유기도 합니다(짜잔!).

엔트리 개수가 작다면 이 구현은 쓸 만하지만 개선의 여지가 있습니다. 사실 모든 핵심 메서드가 상수 시간인 Map의 구현도 있습니다. 이 내용을 처음 들으면 가능하지 않을 것 같습니다. 이 말은 건초 더미의 크기와 관계없이 상수 시간에 건초 더미에서 바늘을 찾을 수 있다는 이야기로 들리기 때문입니다. 마법 같은 일이죠.

이것이 어떻게 가능한지 두 단계로 설명하겠습니다.

1. 엔트리를 하나의 커다란 List에 저장하는 대신에 다수의 작은 리스트로 쪼갭니다. 각 키에 대해 해시 코드hash code를 사용하여 어느 리스트를 사용할지 선택합니다(자세한 내용은 다음 장에서 설명합니다).

2. 하나의 큰 리스트 대신 다수의 작은 리스트를 사용하는 것이 더 빠르지만, 앞서 설명한 대로 증가 차수를 개선하지는 못합니다. 핵심 연산은 여전히 선형입니다. 하지만 다른 묘수가 있습니다. 리스트의 개수를 늘려서 리스트당 엔트리 개수를 제한할 수 있다면 결과는 상수 시간 맵이 됩니다. 다음 실습에서 자세한 내용을 설명합니다. 하지만 먼저 해싱을 알아봐야 합니다.

다음 장에서는 이번 실습의 해법을 제공하고 Map의 핵심 메서드 성능을 분석하며 좀 더 효율적인 구현을 소개하겠습니다.

CHAPTER 10

해싱

이 장에서는 MyLinearMap 클래스보다 Map 인터페이스를 더 잘 구현한 MyBetterMap 클래스를 정의합니다. 그리고 MyBetterMap을 좀 더 효율적으로 만드는 해싱hashing을 소개합니다.

10.1 해싱

MyLinearMap 클래스의 성능을 향상하고자 MyLinearMap 객체의 컬렉션을 포함하는 MyBetterMap이라는 새로운 클래스를 작성합니다. 내장된 맵에 따라 키를 나누므로 각 맵의 엔트리 개수는 더 줄어듭니다. 이것은 findEntry 메서드와 그것을 호출하는 메서드의 속도를 빠르게 합니다.

클래스 정의의 시작 부분은 다음과 같습니다(파일명: MyBetterMap.java).

```java
public class MyBetterMap<K, V> implements Map<K, V> {

    protected List<MyLinearMap<K, V>> maps;

    public MyBetterMap(int k) {
        makeMaps(k);
    }

    protected void makeMaps(int k) {
        maps = new ArrayList<MyLinearMap<K, V>>(k);
        for (int i=0; i<k; i++) {
```

```
            maps.add(new MyLinearMap<K, V>());
        }
    }
}
```

인스턴스 변수인 maps는 MyLinearMap 객체의 컬렉션입니다. 생성자는 k를 인자로 받아 얼마나 많은 맵을(적어도 초기에는) 사용할지 정의합니다. makeMaps 메서드는 내장된 맵을 생성하고 생성된 맵을 ArrayList에 저장합니다.

자, 이 클래스가 동작하는 핵심은 키를 살펴보고 어느 내장 맵에 투입할지를 결정하는 방법입니다. 새로운 키를 추가하면(put) 맵 중에서 하나를 고르고, 같은 키가 있다면(get) 그 키를 어느 맵에 넣었는지 기억해야 합니다.

한 가지 방법은 하위 맵을 무작위로 결정하고 각 키를 어느 맵에 넣었는지를 추적하는 것입니다. 하지만 어떻게 추적할 수 있을까요? 얼핏 Map 객체로 키를 조회하여 그에 맞는 하위 맵을 찾을 수 있을 것 같지만, 이 실습의 요점은 Map 인터페이스를 효율적으로 구현하는 것입니다. 우리가 이미 그러한 구현을 가지고 있다고 가정할 수는 없습니다.

더 나은 접근법은 해시 함수hash function을 사용하는 것입니다. 이 함수는 Object 객체를 인자로 받아 해시 코드라는 정수를 반환합니다. 중요한 점은 같은 Object 객체에 대해서는 항상 같은 해시 코드를 반환해야 합니다. 이러한 방식으로 해시 코드를 사용하여 키를 저장하면 키를 조회할 때 항상 같은 해시 코드를 얻게 됩니다.

자바에서 모든 Object 객체는 hashCode라는 메서드를 제공하여 해시 함수를 계산합니다. 이 메서드의 구현은 객체의 종류에 따라 달라집니다. 이러한 예제를 곧 보게 됩니다.

다음은 주어진 키에 대한 적합한 하위 맵을 고르는 헬퍼 메서드입니다(파일명: MyBetterMap.java).

```
protected MyLinearMap<K, V> chooseMap(Object key) {
    int index = 0;
    if (key != null) {
        index = Math.abs(key.hashCode()) % maps.size();
    }
    return maps.get(index);
}
```

key가 null이면 임의로 인덱스 0인 하위 맵을 선택합니다. null이 아니면 hashCode 메서드를 호출하여 정수를 얻고 Math.abs 메서드를 호출하여 절대값을 만듭니다. 그다음 나머지 연산자인 %를 사용하여 결과가 0에서 map.size( )-1 사이에 있음을 보장합니다. 따라서 index는 항상 maps의 유효한 인덱스가 되고 chooseMap 메서드는 선택한 맵의 참조를 반환합니다.

put과 get 메서드에서 모두 chooseMap 메서드를 호출합니다. 그래서 키를 추가했을 때 선택한 것과 동일한 맵을 키를 조회할 때 얻습니다. 적어도 그렇게 해야 합니다. 이것이 동작하지 않을 수도 있는 이유에 대해서는 나중에 설명하겠습니다.

put과 get 메서드의 구현은 다음과 같습니다(파일명: MyBetterMap.java).

```java
public V put(K key, V value) {
    MyLinearMap<K, V> map = chooseMap(key);
    return map.put(key, value);
}

public V get(Object key) {
    MyLinearMap<K, V> map = chooseMap(key);
    return map.get(key);
}
```

매우 단순합니다. 두 메서드에서 chooseMap 메서드를 호출하여 하위 맵을 찾고 하위 맵의 메서드를 호출합니다. 동작 방식은 이와 같습니다. 성능에 대해서도 알아봅시다.

n개의 엔트리를 k개의 하위 맵으로 나누면 맵당 엔트리는 평균 n/k개가 됩니다. 키를 조회할 때 해시 코드를 계산해야 하는데, 이때 시간이 조금 걸립니다. 그다음 키에 맞는 하위 맵을 검색합니다.

MyBetterMap에 있는 엔트리 목록은 MyLinearMap에 있는 엔트리 목록보다 k배 빠르므로 검색도 k배 빠를 것이라고 기대할 수 있습니다. 하지만 실행시간은 여전히 n에 비례하므로 MyBetterMap 클래스는 여전히 선형입니다. 다음 실습에서는 이것을 고쳐 보겠습니다.

10.2 해싱의 동작 방식

해시 함수의 근본적인 요구사항은 같은 객체는 매번 같은 해시 코드를 만들어야 한다는 것입니다. 불변 객체[immutable object]일 때는 상대적으로 쉽지만, 가변 객체[mutable object]일 때는 좀 더 고민해봐야 합니다.

불변 객체의 예로, 다음과 같이 String 객체를 캡슐화하는 SillyString 클래스를 정의합니다 (파일명: SillyString.java).

```java
public class SillyString {
    private final String innerString;

    public SillyString(String innerString) {
        this.innerString = innerString;
    }

    public String toString() {
        return innerString;
    }
}
```

이 클래스는 그다지 유용하지 않으며 이름도 SillyString(어리석은 문자열)입니다. 하지만 여기서는 클래스에서 자신만의 해시 함수를 정의하는 방법을 보여주기 위해 사용합니다(파일명: SillyString.java).

```java
@Override
public boolean equals(Object other) {
    return this.toString().equals(other.toString());
}

@Override
public int hashCode() {
    int total = 0;
    for (int i=0; i<innerString.length(); i++) {
        total += innerString.charAt(i);
    }
    return total;
}
```

SillyString 클래스는 equals와 hashCode 메서드를 모두 오버라이드합니다. 이것은 중요합니다. 제대로 동작하려면 equals 메서드는 hashCode 메서드와 일치해야 합니다. 이는 두 객체가 같다면, 즉 equlas 메서드가 true를 반환하면 두 객체의 해시 코드 또한 같아야 합니다. 하지만 이 요구사항은 단방향입니다. 두 객체의 해시 코드가 같더라도 그들이 같은 객체일 필요는 없습니다.

equals 메서드는 innerString을 반환하는 toString 메서드를 호출하여 동작합니다. 따라서 두 객체의 innerString 인스턴스 변수가 같다면 두 SillyString 객체도 같습니다.

hashCode 메서드는 String에 있는 문자 character에 반복문을 실행하고 문자들을 모두 더합니다. 어떤 문자를 int (정수형)에 더하면 자바는 유니코드의 코드 포인트 code point 를 사용하여 문자를 정수로 변환합니다. 이 예제에서 유니코드에 대해 알 필요는 없지만, 궁금한 분은 http://thinkdast.com/codepoint를 참고하세요.

이 해시 함수는 요구 사항을 만족합니다. 두 SillyString 객체의 내장 문자열이 동일하다면 두 객체는 같은 해시 코드를 얻게 됩니다.

이 해시 함수는 정확하게 동작합니다. 하지만 좋은 성능을 보장하지는 않습니다. 이는 많은 서로 다른 문자열을 위해 같은 해시 코드를 반환하기 때문입니다. 두 문자열에 같은 문자가 순서만 다르게 포함되어 있다면 이들은 해시 코드가 같습니다. 심지어는 같은 글자가 아니더라도 'ac'와 'bb'는 합계가 같습니다.

많은 객체가 동일한 해시 코드를 갖는다면 결국 같은 하위 맵으로 몰리게 됩니다. 어떤 하위 맵에 다른 맵보다 많은 엔트리가 있으면 k개의 하위 맵으로 인한 성능 향상은 k보다 줄어들게 됩니다. 그래서 해시 함수의 목표 중 하나는 균등해야 uniform 한다는 것입니다. 즉, 일정 범위에 있는 어떤 값으로 고루 퍼지도록 해시 코드를 생성해야 합니다. 좋은 해시 함수 설계에 대해서는 http://thinkdast.com/hash를 참고하기 바랍니다.

10.3 해싱과 변형

String 클래스는 불변이며 innerString 변수가 final로 선언되었기 때문에 SillyString 클래스 또한 불변입니다. 일단 SillyString 객체를 생성하면 innerString 변수는 다른

String 객체를 참조할 수 없고 이 변수가 참조하는 String 객체 또한 변경할 수 없습니다. 따라서 항상 같은 해시 코드를 갖게 됩니다.

가변 객체에서는 어떤 일이 일어나는지 알아보겠습니다. 다음은 SillyArray 클래스의 정의입니다. SillyString 클래스와 비슷한데, 인스턴스 변수로 String이 아닌 문자 배열을 사용하는 점만 다릅니다(파일명: SillyArray.java).

```java
public class SillyArray {
    private final char[] array;

    public SillyArray(char[] array) {
        this.array = array;
    }

    public String toString() {
        return Arrays.toString(array);
    }

    @Override
    public boolean equals(Object other) {
        return this.toString().equals(other.toString());
    }

    @Override
    public int hashCode() {
        int total = 0;
        for (int i=0; i<array.length; i++) {
            total += array[i];
        }
        System.out.println(total);
        return total;
    }
}
```

SillyArray 클래스는 또한 setChar 메서드를 제공하여 배열에 있는 문자를 변경할 수 있습니다(파일명: SillyArray.java).

```java
public void setChar(int i, char c) {
    this.array[i] = c;
}
```

SillyArray 객체를 생성하고 맵에 추가합니다(파일명: SillyArray.java).

```
SillyArray array1 = new SillyArray("Word1".toCharArray());
map.put(array1, 1);
```

이 배열의 해시 코드는 461입니다. 배열의 내용을 변경하고 다음과 같이 맵에서 조회해 보겠습니다(파일명: SillyArray.java).

```
array1.setChar(0, 'C');
Integer value = map.get(array1);
```

변형mutation 후 해시 코드는 441입니다. 해시 코드가 달라서 잘못된 하위 맵을 조회할 수 있습니다. 이러한 상황에서는 키가 맵에 있어도 찾을 수 없습니다. 좋지 않습니다.

일반적으로 MyBetterMap과 HashMap을 포함하여 해싱을 사용하는 자료구조에서 가변 객체를 키로 사용하는 것은 위험합니다. 키가 맵에 있는 동안 변형되지 않는다고 보장할 수 있거나 어떤 변화가 해시 코드에 영향을 미치지 않으면 괜찮습니다. 하지만 그렇다고 하더라도 이러한 경우는 피하는 것이 좋습니다.

10.4 실습 8

이 실습에서 MyBetterMap 클래스의 구현을 완료합니다. 예제 코드 저장소에는 다음과 같은 파일이 있습니다.

- **MyLinearMap.java**
  실습 7의 해법으로 실습 8은 실습 7을 기반으로 시작합니다.

- **MyBetterMap.java**
  앞 장에서 온 코드로, 여러분이 내용을 채워야 합니다.

- **MyHashMap.java**
  여러분이 완성할 코드로, 필요할 때마다 크기를 키우는 해시 테이블의 코드 개요를 포함합니다.

- **MyLinearMapTest.java**
  MyLinearMap 클래스의 유닛 테스트 코드가 있습니다.

- **MyBetterMapTest.java**
  MyBetterMap 클래스의 유닛 테스트 코드가 있습니다.
- **MyHashMapTest.java**
  MyHashMap 클래스의 유닛 테스트 코드가 있습니다.
- **Profiler.java**
  문제 크기 대비 실행시간을 측정하고 가시화합니다.
- **ProfileMapPut.java**
  Map.put 메서드를 프로파일링합니다.

이전처럼 ant build 명령을 실행하여 소스 코드를 컴파일하고 ant MyBetterMapTest 명령을 실행합니다. 몇 개의 테스트는 실패합니다. 여러분이 할 일 있기 때문입니다.

앞 장의 put과 get 메서드의 구현을 검토하고 containsKey 메서드의 내용을 채웁니다.

HINT chooseMap 메서드를 사용하세요.

ant MyBetterMapTest 명령을 다시 실행하여 testContainsKey 테스트가 통과하는지 확인합니다.

containsValue 메서드를 채웁니다.

HINT chooseMap 메서드를 사용하지 마세요.

ant MyBetterMapTest 명령을 다시 실행하여 testContainsValue 테스트가 통과하는지 확인합니다. 키를 찾는 것보다 값을 찾는 데 할 일이 더 많습니다.

put과 get메서드처럼 containsKey 메서드의 실행시간은 선형입니다. 이는 내장된 하위 맵 중 하나를 검색해야 하기 때문입니다. 다음 장에서는 이 구현을 더욱 개선하는 방법을 알아보겠습니다.

CHAPTER 11

HashMap 클래스

앞 장에서는 해싱을 사용하는 Map 인터페이스의 구현을 작성했습니다. 검색하는 리스트의 길이가 더 짧아서 더 빠르기를 기대하였으나 성장 차수는 여전히 선형이었습니다.

n개의 엔트리와 k개의 하위 맵이 있다면 하위 맵의 크기는 평균 n/k이 되고 여전히 n에 비례합니다. 하지만 n과 함께 k를 늘려간다면 n/k의 크기를 제한할 수 있습니다.

예를 들어, 매번 n이 k를 초과할 때 k를 두 배로 늘린다고 가정해 봅시다. 이때 맵당 엔트리의 개수는 평균적으로 1보다 작을 것이고, 해시 함수가 키들을 합리적으로 잘 분배한다면 많아야 항상 10개 미만일 것입니다.

하위 맵당 엔트리의 개수가 일정하면 단일 하위 맵은 상수 시간으로 검색할 수 있습니다. 그리고 해시 함수를 계산하는 것은 일반적으로 상수 시간입니다(키의 크기에 의존하지만, 키의 개수에 의존하지는 않습니다). 이렇게 Map 클래스의 핵심인 put과 get 메서드를 상수 시간으로 만듭니다.

다음 실습에서 자세한 내용을 알아보겠습니다.

11.1 실습 9

MyHashMap.java 파일에는 필요할 때마다 성장하는 해시 테이블의 개요가 들어 있습니다. 정의 부분은 다음과 같습니다(파일명: MyHashMap.java).

```java
public class MyHashMap<K, V> extends MyBetterMap<K, V> implements Map<K, V> {

    // 재해시하기 전 하위 맵당 평균 엔트리 개수
    private static final double FACTOR = 1.0;

    @Override
    public V put(K key, V value) {
        V oldValue = super.put(key, value);

        // 하위 맵당 엔트리의 개수가 임계치를 넘지 않는지 확인합니다
        if (size() > maps.size() * FACTOR) {
            rehash();
        }
        return oldValue;
    }
}
```

MyHashMap 클래스는 MyBetterMap 클래스를 확장하므로 MyBetterMap에 정의된 메서드를 상속합니다. 오버라이드하는 유일한 메서드는 put으로, 부모 클래스(MyBetterMap)에 있는 put 메서드를 호출하고 재해시rehash가 필요한지 확인합니다. size 메서드를 호출하면 엔트리의 전체 개수인 n을 반환합니다. maps.size 메서드를 호출하면 내장된 맵의 개수인 k를 반환합니다.

상수 FACTOR는 로드 팩터load factor라고 하며 평균적으로 하위 맵당 최대 엔트리 개수를 결정합니다. n > k * FACTOR면 n/k > FACTOR를 의미하며, 이는 하위 맵당 엔트리의 개수가 임계치를 초과함을 뜻하므로 rehash 메서드를 호출합니다.

ant build 명령을 실행하여 소스 코드를 컴파일한 다음 ant MyHashMapTest 명령을 실행합니다. rehash 구현이 예외를 던지므로 테스트는 실패합니다. 여러분이 할 일은 rehash 메서드를 채우는 것입니다.

rehash 메서드의 내용을 채워 테이블에서 엔트리를 수집하고 테이블의 크기를 산정한 다음 엔트리를 다시 넣어야 합니다. 도움이 될 만한 MyBetterMap.makeMaps와 MyLinearMap.getEntries 두 메서드를 제공합니다. 해답은 rehash 메서드가 호출될 때마다 내장된 맵의 개수 k가 두 배가 되어야 합니다.

11.2 MyHashMap 분석하기

가장 큰 하위 맵의 엔트리 개수가 n/k에 비례하고 k가 n에 비례해서 늘어난다면 `MyBetterMap` 클래스의 몇 가지 핵심 메서드도 상수 시간이 됩니다(파일명: `MyBetterMap.java`).

```
public boolean containsKey(Object target) {
    MyLinearMap<K, V> map = chooseMap(target);
    return map.containsKey(target);
}

public V get(Object key) {
    MyLinearMap<K, V> map = chooseMap(key);
    return map.get(key);
}

public V remove(Object key) {
    MyLinearMap<K, V> map = chooseMap(key);
    return map.remove(key);
}
```

각 메서드는 상수 시간인 키를 해시한 다음 상수 시간인 하위 맵의 메서드를 호출합니다.

지금까지는 좋습니다. 하지만 다른 핵심 메서드인 put은 분석하기 조금 더 까다롭습니다. 재해시를 할 필요가 없다면 상수 시간이지만, 재해시를 해야 한다면 선형입니다. 이것은 **3.2 add 메서드 분류하기**에서 분석한 `ArrayList.add` 메서드와 유사합니다.

같은 이유로 일련의 호출을 평균하면 `MyHashMap.put` 메서드는 상수 시간입니다. 이 논의는 분할 상환 분석을 기반으로 합니다. 자세한 내용은 **3.2 add 메서드 분류하기**를 참고하세요.

하위 맵의 개수 k의 초기값이 2, 로드 팩터가 1이라고 가정합니다. 이제 일련의 키를 넣었을 때 얼마나 많은 작업이 발생하는지 알아보겠습니다. 기본 '작업 단위unit of work'로 키를 재해시하고 이 키를 하위 맵에 추가하는 횟수를 셉니다.

첫 번째로 키를 put하는 데는 1 작업 단위가 소요됩니다. 두 번째도 역시 1 작업 단위입니다. 세 번째에는 재해시해야 하므로 기존 키를 재해시하는 데 2 작업 단위, 새로운 키를 해시하는 데 1 작업 단위가 필요합니다.

이제 해시 테이블의 크기는 4가 되었고 다음 put을 호출하는 데 1 작업 단위가 소요됩니다. 하지만 다음 재해시할 때는 기존 키를 재해시하는 데 4 작업 단위와 새로운 키를 해시하는 데 1 작업 단위가 필요합니다.

[그림 11-1]은 이러한 패턴을 보여줍니다. 새로운 키를 해싱하는 일반적인 작업은 하단부에 보여주고 재해시하는 부가 작업은 탑으로 보여줍니다.

화살표가 가리키듯이 탑을 무너뜨리면 각 탑은 다음 탑까지의 공간을 채웁니다. 결국, 2 작업 단위의 균일한 높이가 되고 put 메서드의 평균 작업 단위는 2가 됩니다. 따라서 put 메서드는 평균적으로 상수 시간이 됩니다.

그림 11-1 해시 테이블에 요소를 추가하는 작업을 나타낸 다이어그램

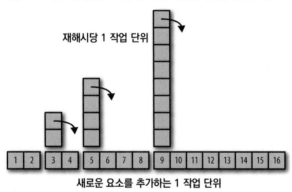

이 다이어그램은 또한 재해시할 때 하위 맵의 개수 k를 두 배로 만드는 것이 왜 중요한지 보여줍니다. 곱하는 대신 단지 k만큼 더한다면 탑은 서로 너무 가까워지게 되고 결과적으로 쌓이게 됩니다. 그러면 상수 시간이 아닙니다.

11.3 트레이드오프

containsKey와 get, remove 메서드는 상수 시간이며 put 메서드도 평균적으로 상수 시간임을 알아보았습니다. 이것이 얼마나 놀라운 일인지 잠시 살펴보는 시간을 갖겠습니다. 이러한 연산의 성능은 해시 테이블의 크기와 상관없이 거의 일정합니다. 어느 정도는 꽤 그렇습니다.

우리의 분석은 각 작업 단위가 같은 시간이 걸린다는 단순한 계산 모델을 기반으로 하고 있습니다. 실제 컴퓨터는 그보다 더 복잡합니다. 특히, 캐시에 적합할 만큼 충분히 작은 자료구조로 작업하는 것이 일반적으로 가장 빠릅니다.[1] 캐시에는 맞지 않지만 메모리에 적합한 구조라면 조금 느려집니다. 메모리에도 맞지 않는 구조라면 훨씬 느려집니다.

이 구현의 다른 한계는 키가 아니라 값이 주어지면 해싱이 도움이 되지 않는다는 것입니다. containsValue 메서드는 모든 하위 맵을 검색해야 하므로 선형입니다. 값을 조회하고 그에 맞는 키(또는 가능한 키들)를 찾는 특별히 효율적인 방법은 없습니다.

한 가지 한계가 더 있습니다. MyLinearMap 클래스에서 상수 시간인 일부 메서드는 선형이 됩니다. 예를 들면, 다음과 같습니다(파일명: MyHashMap.java).

```
public void clear() {
    for (int i=0; i<maps.size(); i++) {
        maps.get(i).clear();
    }
}
```

clear 메서드는 모든 하위 맵을 비워야 하고 하위 맵의 개수는 n에 비례하므로 선형입니다. 다행히 이 연산은 자주 사용되지 않아서 대부분 응용 프로그램에서는 이 트레이드오프를 받아들일 만합니다.

---

1 옮긴이주_현대 컴퓨터에서 1차 캐시는 10 CPU 주기밖에 걸리지 않고 RAM에서 데이터를 가져오는 데는 약 1천 CPU 주기가 걸립니다(『한 권으로 그리는 컴퓨터과학 로드맵』(2018, 인사이트) 참고).

11.4 MyHashMap 프로파일링

계속 진행하기 전에 MyHashMap.put 메서드가 진짜로 상수 시간인지 확인해 봐야 합니다.

ant build 명령을 실행하여 소스 파일을 컴파일합니다. 그다음 ant ProfileMapPut 명령을 실행하여 (자바에서 제공하는) HashMap.put 메서드의 실행시간을 문제 크기별로 측정하고 log-log 스케일로 문제 크기 대비 실행시간을 그래프로 표시합니다. 이 연산이 상수 시간이라면 n번 연산의 전체 시간은 선형이어야 합니다. 따라서 결과는 기울기 1인 직선이 됩니다. 필자가 이 코드를 실행했을 때 추정 기울기는 1에 가까웠는데, 이는 우리 분석과 일치합니다. 여러분도 이와 비슷한 결과를 얻어야 합니다.

ProfileMapPut.java 파일을 수정하여 여러분의 구현을 프로파일해 봅시다. 자바의 HashMap 클래스 대신에 MyHashMap 클래스로 대체합니다. 프로파일러를 다시 실행하고 기울기가 1에 가까운지 확인합니다. 여러분은 실행시간이 수 밀리 초 이상 수천 초 이하로 나오는 문제 크기의 범위를 찾기 위해 startN과 endMillis 변수를 조정해야 할 수도 있습니다.

이 코드를 실행했을 때 필자는 매우 놀랐습니다. 기울기가 약 1.7로, 이 구현은 상수 시간이라고 말할 수 없는 수준입니다. 이는 '성능 버그'를 의미합니다.

다음 절을 읽기 전에 오류를 추적하여 고치고 put 메서드가 기대한 대로 상수 시간이 나오는지 확인해야 합니다.

11.5 MyHashMap 클래스 고치기

MyHashMap 클래스의 문제는 MyBetterMap 클래스에서 상속한 size 메서드에 있습니다(파일명: MyBetterMap.java).

```java
public int size() {
    int total = 0;
    for (MyLinearMap<K, V> map: maps) {
        total += map.size();
    }
    return total;
}
```

전체 크기를 늘리려면 하위 맵을 반복해야 합니다. 엔트리 개수 n이 증가함에 따라 하위 맵의 개수 k가 증가하므로 k는 n에 비례합니다. 따라서 size 메서드는 선형입니다. 그리고 size 메서드를 호출하는 put 메서드도 선형이 됩니다(파일명: MyBetterMap.java).

```java
public V put(K key, V value) {
    V oldValue = super.put(key, value);

    if (size() > maps.size() * FACTOR) {
        rehash();
    }
    return oldValue;
}
```

size 메서드가 선형이면 put 메서드를 상수 시간으로 만들려고 한 모든 일은 헛일이 됩니다.

다행히도 간단한 해법이 있는데, 앞에서 이미 본 내용입니다. 엔트리 개수를 인스턴스 변수에 저장하고 엔트리 개수를 변경하는 메서드를 호출할 때마다 그 값을 업데이트해야 합니다.

필자의 해법은 이 책의 코드 저장소에 있는 MyFixedHashMap.java 파일에서 찾을 수 있습니다. 다음은 클래스 정의의 시작 부분입니다(파일명: MyFixedHashMap.java).

```java
public class MyFixedHashMap<K, V> extends MyHashMap<K, V> implements Map<K, V> {

private int size = 0;

public void clear() {
    super.clear();
    size = 0;
}
```

MyHashMap 클래스를 고치기보다 MyHashMap 클래스를 상속하는 새로운 클래스를 정의합니다. size라는 새로운 인스턴스 변수를 추가하고 이 변수를 0으로 초기화합니다.

clear 메서드를 고치는 일은 간단합니다. 상위 클래스에 있는 clear 메서드를 호출(하위 맵 비우기)한 다음 size 변수를 업데이트합니다.

remove와 put 메서드는 고치기가 조금 더 어려운데, 그 이유는 상위 클래스의 메서드를 호출할 때 하위 맵의 크기가 변하였는지를 알 수 없기 때문입니다. 필자가 작업한 내용은 다음과 같습니다(파일명: MyFixedHashMap.java).

```
public V remove(Object key) {
    MyLinearMap<K, V> map = chooseMap(key);
    size -= map.size();
    V oldValue = map.remove(key);
    size += map.size();
    return oldValue;
}
```

remove 메서드는 chooseMap 메서드를 호출하여 올바른 하위 맵을 찾은 다음 하위 맵의 크기만큼 뺍니다. 하위 맵에서 remove 메서드를 호출하는데, 이때 키를 찾았는지 못 찾았는지에 따라 하위 맵의 크기는 변할 수도 있고 안 변할 수도 있습니다. 하지만 어떤 방법이든지 하위 맵의 새로운 크기를 size 변수에 더하여 최종 size 변수의 값은 맞게 됩니다.

다시 작성한 put 메서드는 다음과 같습니다(파일명: MyFixedHashMap.java).

```
public V put(K key, V value) {
    MyLinearMap<K, V> map = chooseMap(key);
    size -= map.size();
    V oldValue = map.put(key, value);
    size += map.size();

    if (size() > maps.size() * FACTOR) {
        size = 0;
        rehash();
    }
    return oldValue;
}
```

여기에도 같은 문제가 있습니다. 하위 맵에서 put 메서드를 호출할 때 새로운 엔트리가 추가되었는지 알 수 없습니다. 따라서 같은 해법을 사용하여 이전 크기만큼 뺀 다음 새로운 크기를 더합니다.

이제 size 메서드의 구현이 단순해졌습니다(파일명: MyFixedHashMap.java).

```
public int size() {
    return size;
}
```

이 메서드는 분명히 상수 시간입니다. 이 해법을 프로파일해 보면 n개의 키를 넣는 전체 실행 시간은 n에 비례하고 각 put 메서드는 예상한 대로 상수 시간입니다.

11.6 UML 클래스 다이어그램

이 장에 있는 코드로 작업할 때 한 가지 도전 과제는 서로 의존하는 몇몇 클래스가 있다는 것입니다. 이 클래스들의 관계는 다음과 같습니다.

- MyLinearMap 클래스는 LinkedList 클래스를 포함하고 Map 인터페이스를 구현합니다.
- MyBetterMap 클래스는 다수의 MyLinearMap 객체를 포함하고 Map 인터페이스를 구현합니다.
- MyHashMap 클래스는 MyBetterMap 클래스를 확장하므로 MyLinearMap 객체를 포함하고 Map 인터페이스를 구현합니다.
- MyFixedHashMap 클래스는 MyHashMap 클래스를 확장하고 Map 인터페이스를 구현합니다.

이러한 클래스들의 관계를 추적하는 데 소프트웨어 엔지니어들은 UML 클래스 다이어그램을 종종 사용합니다. UML은 통합 모델링 언어^{Unified Modeling Language}를 의미하며 자세한 내용은 http://thinkdast.com/uml을 참고하기 바랍니다.

클래스 다이어그램^{class diagram}에서 클래스는 상자로 표현하고 클래스 간의 관계는 화살표로 표시합니다. 다음 그림은 온라인 도구인 yUML을 활용하여 생성한 실습 9 클래스의 UML 클래스 다이어그램입니다. yUML에 관해서는 http://thinkdast.com/yuml.me/를 참고하세요

그림 11-2 실습 9 클래스의 UML 다이어그램

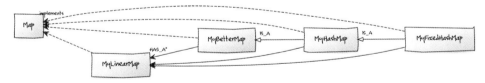

관계에 따라 다양한 화살표로 표현합니다.

- 머리가 꽉 찬 화살표는 HAS-A 관계입니다. 예를 들어, MyBetterMap 클래스의 각 인스턴스는 다수의 MyLinearMap 인스턴스를 포함하므로 머리가 꽉 찬 화살표로 연결합니다.

- 빈 머리와 실선의 화살표는 IS-A 관계입니다. 예를 들어, `MyHashMap` 클래스는 `MyBetterMap` 클래스를 확장하므로 IS-A 화살표로 연결합니다.
- 빈 머리와 점선의 화살표는 클래스가 인터페이스를 구현함을 의미합니다. 이 다이어그램에서 모든 클래스는 Map 인터페이스를 구현합니다.

UML 클래스 다이어그램은 클래스 컬렉션에 관한 수많은 정보를 표현하는 간결한 방법입니다. 이것은 설계 단계에서 대안적인 설계에 관해 의사소통하는 데 도움을 주고, 구현 단계에서는 공유된 프로젝트의 전반적인 윤곽을 보여주며, 배포 단계에서는 설계를 문서화하는 데 사용합니다.

CHAPTER 12

TreeMap 클래스

이 장에서는 이진 탐색 트리^{binary search tree, BST}를 공부합니다. 이것은 요소가 정렬된 Map 인터페이스를 구현할 때 유용하게 쓰입니다.

12.1 해싱의 문제점

여러분은 이제 자바에서 제공하는 Map 인터페이스와 HashMap 구현에 익숙해졌을 것입니다. 해시 테이블을 사용하는 자신만의 Map 클래스를 만들어 봄으로써 HashMap 클래스가 어떻게 동작하고 HashMap 클래스의 핵심 메서드가 왜 상수 시간이 되는지 이해하였습니다.

핵심 메서드의 성능 덕분에 HashMap 클래스는 널리 사용되지만, HashMap 클래스가 Map 인터페이스의 유일한 구현체는 아닙니다. 다른 구현이 필요한 몇 가지 이유가 있습니다.

- HashMap 클래스의 연산이 상수 시간이라고 하더라도 해싱이 느릴 수 있습니다. 즉, 상수가 꽤 커질 수 있습니다.
- 해시 함수가 하위 맵에 키를 고루 분배하면 해싱은 잘 동작합니다. 하지만 좋은 해시 함수를 설계하는 것은 쉬운 일이 아닙니다. 그리고 너무나 많은 키가 특정 하위 맵에 집중되면 HashMap의 성능이 나빠질 수 있습니다.
- 해시 테이블에 있는 키는 어떤 순서대로 저장되지 않습니다. 사실, 순서는 테이블이 커지고 키가 재해시될 때 변하기도 합니다. 어떤 응용 프로그램에서는 키를 순서대로 유지하는 것이 필요하거나 적어도 유용합니다.

이 모든 문제를 동시에 해결하기는 어렵지만, 자바는 거의 들어맞는 TreeMap 클래스를 제공합니다.

- TreeMap 클래스는 해시 함수를 사용하지 않습니다. 따라서 해싱 비용과 해시 함수를 고르는 어려움을 피할 수 있습니다.
- TreeMap 클래스의 내부에서 키는 이진 탐색 트리에 저장되는데, 선형 시간으로 키를 순서대로 순회할 수 있습니다.
- 핵심 메서드의 실행시간은 log n에 비례하며 상수 시간만큼 우수하지는 않지만, 여전히 꽤 쓸 만합니다.

다음 절에서는 이진 탐색 트리가 어떻게 동작하는지 설명하고 Map 인터페이스를 구현하는 클래스를 사용해 보겠습니다. 또한 트리로 구현할 때 핵심 맵 메서드의 성능도 분석해 보겠습니다.

12.2 이진 탐색 트리

이진 탐색 트리[BST]는 각 노드가 키를 포함하며 모든 노드는 다음과 같은 속성이 있습니다.

1. 노드 왼쪽에 자식이 있다면 왼쪽 하위 트리의 모든 키는 노드에 있는 키보다 작습니다.

2. 노드 오른쪽에 자식이 있다면 오른쪽 하위 트리의 모든 키는 노드에 있는 키보다 큽니다.

[그림 12-1]은 이러한 속성이 있는 정수 트리를 보여줍니다. 이 그림은 위키피디아의 이진 탐색 트리 페이지(http://thinkdast.com/bst)에서 가져왔습니다. 이 페이지의 내용은 실습할 때 유용하게 활용할 수 있습니다.

그림 12-1 이진 탐색 트리의 예

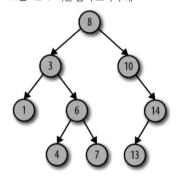

루트 노드의 키는 8이고 루트 왼쪽의 모든 키는 8보다 작음을 알 수 있습니다. 루트 오른쪽의 모든 키는 8보다 큽니다. 다른 노드들도 동일한 속성을 가지고 있습니다.

트리 전체를 검색할 필요가 없어서 이진 탐색 트리에 있는 키의 검색 속도는 빠릅니다. 루트에서 시작하여 다음과 같은 알고리즘을 사용할 수 있습니다.

1. 찾는 키인 target을 현재 노드의 키와 비교합니다. 같다면 검색이 완료됩니다.

2. target이 현재 키보다 작으면 왼쪽 트리를 검색합니다. 왼쪽 트리에 없다면 target은 트리에 없습니다.

3. target이 현재 키보다 크면 오른쪽 트리를 검색합니다. 오른쪽 트리에 없다면 target은 트리에 없습니다.

트리의 각 수준에서 한 개의 자식 노드만 찾으면 됩니다. 예를 들어, 앞의 다이어그램에서 target=4를 찾는다면 먼저 키가 8인 루트에서 시작합니다. target이 8보다 작으므로 왼쪽으로 갑니다. target이 3보다 크므로 오른쪽으로 갑니다. target이 6보다 작으니 왼쪽으로 갑니다. 그러고 나면 원하는 키를 찾게 됩니다.

이 예에서는 트리에 총 9개의 키가 있지만, 대상을 찾는 데는 4번만 비교합니다. 일반적으로 비교 횟수는 트리에 있는 키의 개수가 아니라 트리의 높이에 비례합니다.

트리의 높이인 h와 노드의 개수인 n 사이의 관계는 어떻게 알 수 있을까요? 작게 시작하여 찬찬히 알아봅시다.

1. h=1이면 트리에는 1개의 노드만 있으므로 n=1입니다.

2. h=2면 2개의 노드를 추가할 수 있고 n=3입니다.

3. h=3이면 4개까지 노드를 더 추가할 수 있고 n=7이 됩니다.

4. h=4면 8개까지 노드를 더 추가할 수 있고 n=15가 됩니다.

지금까지 어떤 패턴을 볼 수 있습니다. 트리 수준을 1부터 h까지 늘린다면 인덱스 i의 수준은 2^{i-1}까지 늘어납니다. h 수준일 때 전체 노드 개수는 $2^h - 1$입니다. 이를 요약하면 다음과 같습니다.

$$n = 2^h - 1$$

양측에 2로 로그를 씌울 수 있습니다.

$$\log_2 n \approx h$$

이는 트리에 노드가 가득 차면 트리 높이는 $\log n$에 비례함을 의미합니다(즉, 각 수준이 노드를 최대 개수만큼 포함할 때). 따라서 이진 탐색 트리에서 $\log n$에 비례하는 시간으로 키를 찾을 수 있다고 기대합니다. 트리가 가득 차 있거나 부분적으로 가득 찼을 때도 그렇습니다. 하지만 앞으로 볼 것처럼 항상 그러한 것은 아닙니다.

$\log n$에 비례하는 시간이 걸리는 알고리즘을 로그 시간^{logarithmic 또는 log time}이라고 합니다. 증가 차수는 $O(\log n)$에 해당합니다.

12.3 실습 10

이번 실습에서는 이진 탐색 트리로 Map 인터페이스를 구현합니다. 다음은 MyTreeMap 클래스 구현의 시작 부분입니다(파일명: MyTreeMap.java).

```
public class MyTreeMap<K, V> implements Map<K, V> {

    private int size = 0;
    private Node root = null;
```

인스턴스 변수인 size는 키의 개수를 추적하고 root는 트리의 루트 노드를 참조합니다. 트리가 비면 root는 null이 되고 size는 0이 됩니다.

MyTreeMap 클래스 내부에 정의된 Node 클래스는 다음과 같습니다(파일명: MyTreeMap.java).

```
protected class Node {
    public K key;
    public V value;
    public Node left = null;
    public Node right = null;

    public Node(K key, V value) {
        this.key = key;
        this.value = value;
```

```
        }
    }
```

각 노드는 키-값 쌍을 포함하며, 두 자식 노드인 left와 right 변수를 참조합니다. 자식 노드는 둘 중 하나 또는 둘 다 null이 될 수 있습니다.

Map 인터페이스의 일부 메서드는 size와 clear처럼 구현하기 쉽습니다(파일명: MyTreeMap.java).

```java
public int size() {
    return size;
}

public void clear() {
    size = 0;
    root = null;
}
```

size 메서드는 확실히 상수 시간입니다.

clear 메서드는 상수 시간으로 보지만, 고려해야 할 점이 있습니다. root 변수가 null이 되면 가비지 컬렉터는 트리에 있는 노드 객체의 수거를 요청하며, 이는 선형 시간이 걸립니다. 가비지 컬렉터가 수행하는 작업 시간을 세야 할까요? 필자는 그렇다고 생각합니다.

다음 절에서는 get과 put 메서드와 같이 가장 중요한 몇 개 메서드를 채우겠습니다.

12.4 TreeMap 구현하기

이 책의 코드 저장소에는 다음과 같은 소스 파일이 있습니다.

- **MyTreeMap.java**
  앞 절의 코드와 빠진 메서드의 개요가 담겨 있습니다.

- **MyTreeMapTest.java**
  MyTreeMap 클래스의 유닛 테스트 파일입니다.

ant build 명령을 실행하여 소스 코드를 컴파일한 다음 ant MyTreeMapTest 명령을 실행합
니다. 아직 할 일이 남아서 몇 가지 테스트는 실패합니다.

get과 containsKey 메서드의 소스 코드는 제공합니다. 두 메서드 모두 findNode 메서드를
사용합니다. findNode 메서드는 필자가 정의한 private 메서드이며 Map 인터페이스에 속해
있지 않습니다. 시작은 다음과 같습니다(파일명: MyTreeMap.java).

```java
private Node findNode(Object target) {
    if (target == null) {
        throw new IllegalArgumentException();
    }

    @SuppressWarnings("unchecked")
    Comparable<? super K> k = (Comparable<? super K>) target;

    // TODO: 이 부분을 채우세요!
    return null;
}
```

target 인자가 우리가 찾는 키입니다. target이 null이면 findNode 메서드는 예외를 던집
니다. Map 인터페이스의 어떤 구현은 null을 키로 다루기도 하지만, 이진 탐색 트리에서는 키
를 비교해야 하므로 null을 다루면 문제가 생길 수 있습니다. 단순하게 하고자 이 구현에서는
null을 키로 허용하지 않습니다.

다음 줄은 target 변수와 트리에 있는 키를 어떻게 비교하는지 보여줍니다. get과 contains
Key 메서드의 원형에서 알 수 있듯이 컴파일러는 target 변수를 Object로 취급합니다. 하지
만 우리는 키를 비교해야 해서 target 변수를 Comparable<? Super K>로 형변환합니다. 이
는 타입 K의 인스턴스 또는 K의 상위 클래스가 비교 대상이라는 것을 의미합니다. 타입 와일드
카드type wildcard를 잘 모른다면 http://thinkdast.com/gentut를 참고하기 바랍니다.

다행히도 자바의 타입 시스템 다루기는 이 실습의 요점이 아닙니다. 여러분이 할 일은 find
Node 메서드의 나머지 부분을 채우는 것입니다. target 변수를 키로 포함한 노드를 찾으면
그 노드를 반환해야 합니다. 찾지 못하면 null을 반환합니다. 이렇게 정상 동작하면 get과
containsKey 메서드에 대한 테스트는 성공하게 됩니다.

여러분의 해법은 트리의 한 가지 경로만 검색해야 하므로 트리의 높이에 비례한 시간이 걸립니
다. 트리 전체를 검색해서는 안 됩니다.

다음 작업으로 containsValue 메서드를 채워야 합니다. 시작하는 데 도움을 주고자 target 변수와 주어진 키를 비교하는 equals 헬퍼 메서드를 제공하였습니다. 트리에 있는 값(키와는 반대)은 비교 대상이 아니므로 compareTo 메서드를 호출할 수 없고 target 변수와 equals 메서드를 호출해야 합니다.

findNode 메서드의 이전 해법과는 다르게 containsValue 메서드의 해법은 트리 전체를 검색해야 합니다. 따라서 실행시간은 트리의 높이인 h가 아니라 키의 개수인 n에 비례합니다.

다음으로 여러분이 채워야 할 메서드는 put입니다. 다음과 같이 간단한 예를 다루는 시작 코드를 제공합니다(파일명: MyTreeMap.java).

```java
public V put(K key, V value) {
    if (key == null) {
        throw new IllegalArgumentException();
    }
    if (root == null) {
        root = new Node(key, value);
        size++;
        return null;
    }
    return putHelper(root, key, value);
}

private V putHelper(Node node, K key, V value) {
    // TODO: 여기를 채우세요.
}
```

키에 null을 넣으면 예외를 던집니다. 트리가 비어 있으면 put 메서드는 새로운 노드를 만들고 인스턴스 변수인 root를 초기화합니다. 그밖에 putHelper 메서드를 호출하는데, 이 메서드는 필자가 정의한 private 메서드이며 Map 인터페이스에 속해 있지 않습니다.

putHelper 메서드를 채워 트리를 검색하고 다음을 수행합니다.

- key가 이미 트리에 있다면 기존 값을 새로운 값으로 대체하고 기존 값을 반환합니다.
- key가 트리에 없으면 새로운 노드를 만들고 이 노드를 추가할 알맞은 위치를 찾은 다음 null을 반환합니다.

put 메서드의 구현은 요소 개수인 n이 아닌 트리 높이인 h에 비례하는 시간이 걸립니다. 트리는 한 번만 검색하는 것이 이상적이지만, 트리를 두 번 검색하기가 더 쉬우면 그렇게 해도 됩니다. 다소 느려지지만 증가 차수가 변경되지는 않습니다.

마지막으로 ketSet 메서드를 채웁니다. http://bit.ly/2La13tS 문서에 따르면 이 메서드는 키를 순서대로 포함하는 Set 객체를 반환해야 합니다. 즉, compareTo 메서드에 따라 오름차순으로 정렬되어 있습니다. **8.3 실습 6**에서 사용한 Set 인터페이스의 구현인 HashSet 클래스는 키의 순서는 유지하지 않지만, LinkedHashSet 클래스는 순서를 유지합니다. 자세한 내용은 http://thinkdast.com/linkedhashset을 참고하세요.

다음과 같이 LinkedHashSet 객체를 생성하고 반환하는 ketSet 메서드의 개요를 제공합니다 (파일명: MyTreeMap.java).

```java
public Set<K> keySet() {
    Set<K> set = new LinkedHashSet<K>();
    //TODO: 여기를 채우세요
    return set;
}
```

여러분은 트리에 있는 키를 set 변수에 오름 차순으로 추가하면 됩니다.

HINT 헬퍼 메서드가 필요할지도 모릅니다. 재귀적으로 만드는 것이 좋습니다. http://thinkdast.com/inorder 문서를 참고하여 순차적으로 트리를 순회하는 방법을 확인하세요.

작업이 끝나면 모든 테스트를 통과해야 합니다. 다음 장에서는 실습 10의 해법을 살펴보고 핵심 메서드의 성능을 테스트해 보겠습니다.

CHAPTER 13

이진 탐색 트리

이 장에서는 실습 10의 해법을 보여주고 트리로 구현된 맵의 성능을 시험합니다. MyTreeMap 클래스 구현의 문제점을 알아보고 자바의 TreeMap 클래스가 이 문제를 어떻게 해결하는지 설명합니다.

13.1 단순한 MyTreeMap 클래스

실습 10에서는 MyTreeMap 클래스의 개요를 제시하고 빠진 메서드 채우기를 요청하였습니다. 이제 findNode 메서드로 시작하는 해법을 제시하겠습니다(파일명: MyTreeMap.java).

```java
private Node findNode(Object target) {
    // 일부 구현은 null을 키로 다루기도 하지만 여기서는 아닙니다
    if (target == null) {
        throw new IllegalArgumentException();
    }

    // 컴파일러 경고 무시
    @SuppressWarnings("unchecked")
    Comparable<? super K> k = (Comparable<? super K>) target;

    // 실제 탐색
    Node node = root;
    while (node != null) {
        int cmp = k.compareTo(node.key);
```

```
            if (cmp < 0)
                node = node.left;
            else if (cmp > 0)
                node = node.right;
            else
                return node;
        }
        return null;
    }
```

findNode 메서드는 containsKey와 get 메서드에서 호출하는 private 메서드로, Map 인터페이스에는 속하지 않습니다. target 인자는 우리가 찾는 키입니다. 실습 10에서 이 메서드의 첫 번째 부분을 설명하였습니다.

- 이 구현에서 null은 유효한 키 값이 아닙니다.
- compareTo 메서드를 호출하기 전에 target 인자를 형변환하여 Comparable 객체로 만들어야 합니다. 여기서 사용한 타입 와일드카드는 가능한 허용합니다. 즉, Comparable 인터페이스를 구현한 어떤 타입과도 동작하고 그 타입의 compareTo 메서드는 K 또는 K의 상위 타입까지 받습니다.

결국, 실제 검색은 상대적으로 단순합니다. 반복문의 변수인 node를 초기화하여 루트 노드를 대입합니다. 반복문은 매번 target 변수를 node.key 변수와 비교합니다. 대상이 현재 키보다 작으면 왼쪽 자식 노드로 이동하고, 크다면 오른쪽 자식 노드로 이동합니다. 두 값이 같으면 현재 노드를 반환합니다.

대상을 찾지 못하고 트리의 바닥에 이르면 대상이 트리에 없는 것으로 판단하고 null을 반환합니다.

13.2 값 탐색하기

실습 10에서 설명한 대로 전체 트리를 검색할 필요가 없으므로 findNode 메서드의 실행시간은 트리의 높이에 비례하고 노드의 개수에는 비례하지 않습니다. 하지만 containsValue 메서드는 키가 아니라 값을 검색해야 합니다. BST 속성은 값에 해당하지 않으므로 전체 트리를 검색해야 합니다.

필자의 해답은 재귀적입니다(파일명: MyTreeMap.java).

```java
public boolean containsValue(Object target) {
    return containsValueHelper(root, target);
}

private boolean containsValueHelper(Node node, Object target) {
    if (node == null) {
        return false;
    }
    if (equals(target, node.value)) {
        return true;
    }
    if (containsValueHelper(node.left, target)) {
        return true;
    }
    if (containsValueHelper(node.right, target)) {
        return true;
    }
    return false;
}
```

containsValue 메서드는 목표값을 인자로 받고 즉시 부가적인 인자로 트리의 루트를 넘기는 containsValueHelper 메서드를 호출합니다.

containsValueHelper 메서드는 다음과 같이 동작합니다.

- 첫 번째 if 문은 재귀의 기저 사례base case를 검사합니다. 노드가 null이면 대상을 찾지 못하고 트리의 바닥에 이른 것이므로 false를 반환합니다. 이것은 오직 트리의 한쪽 경로에서만 없다는 의미입니다. 여전히 다른쪽에는 가능성이 있습니다.
- 두 번째 if 문은 원하는 것을 찾았는지 확인합니다. 찾았다면 true를 반환합니다. 찾지 못하면 계속 진행해야 합니다.
- 세 번째 if 문은 왼쪽 하위 트리에서 target을 찾는 재귀적인 호출을 합니다. 찾으면 오른쪽 하위 트리는 찾지 않고 즉시 true를 반환합니다. 찾지 못하면 계속 진행합니다.
- 네 번째 if 문은 오른쪽 하위 트리를 탐색합니다. 원하는 것을 찾으면 true를 반환합니다. 찾지 못하면 전체 트리를 검색하였으므로 false를 반환합니다.

이 메서드는 트리의 모든 노드를 방문하므로 실행시간은 노드의 개수에 비례합니다.

13.3 put 메서드 구현하기

put 메서드는 get 메서드보다 조금 더 복잡합니다. 이는 put 메서드가 다음 두 가지 경우를 모두 처리해야 하기 때문입니다.

- 주어진 키가 트리에 이미 있으면 값을 대체하고 기존 값을 반환합니다.
- 주어진 키가 트리에 없으면 올바른 위치에 새로운 노드를 추가해야 합니다.

실습 10에서 다음 시작 코드를 제공하고 여러분에게 putHelper 메서드를 채우게 하였습니다 (파일명: MyTreeMap.java).

```java
public V put(K key, V value) {
    if (key == null) {
        throw new IllegalArgumentException();
    }
    if (root == null) {
        root = new Node(key, value);
        size++;
        return null;
    }
    return putHelper(root, key, value);
}
```

필자의 해답은 다음과 같습니다. (파일명: MyTreeMap.java)

```java
private V putHelper(Node node, K key, V value) {
    Comparable<? super K> k = (Comparable<? super K>) key;
    int cmp = k.compareTo(node.key);

    if (cmp < 0) {
        if (node.left == null) {
            node.left = new Node(key, value);
            size++;
            return null;
        } else {
            return putHelper(node.left, key, value);
        }
    }
    if (cmp > 0) {
        if (node.right == null) {
```

```
            node.right = new Node(key, value);
            size++;
            return null;
        } else {
            return putHelper(node.right, key, value);
        }
    }
}
V oldValue = node.value;
node.value = value;
return oldValue;
}
```

첫 번째 인자인 node는 초기에는 트리의 루트입니다. 하지만 재귀 호출을 할 때마다 다른 하위 트리를 참조합니다. get 메서드처럼 compareTo 메서드를 호출하여 트리의 어느 경로를 따라 가야 할지 확인합니다. cmp < 0면 추가하는 키가 node.key보다 작으므로 왼쪽 하위 트리로 가야 합니다. 이때 다음 두 가지 경우가 있습니다.

- 왼쪽 하위 트리가 비어 있으면, 즉 node.left가 null이면 키를 찾지 못하고 트리의 바닥에 이른 것입니다. 이때는 키가 트리에 없으며 어디로 가야 할지 알고 있습니다. 따라서 새로운 노드를 생성하고 이 노드를 node의 왼쪽 자식 노드로 추가합니다.
- 왼쪽 하위 트리가 비어 있지 않으면 왼쪽 하위 트리를 검색하기 위해 재귀 호출을 합니다.

cmp > 0면 추가하는 키가 node.key보다 크므로 오른쪽 하위 트리로 가야 합니다. 이때도 앞 선 분기와 같이 두 가지 경우를 처리하였습니다. 마지막으로 cmp == 0이면 트리에서 키를 찾 았으므로 값을 대체하고 기존 값을 반환합니다.

필자는 읽기 쉽도록 이 메서드를 재귀적으로 작성하였지만, 반복적으로 간단히 작성할 수도 있 습니다. 연습으로 해보길 바랍니다.

13.4 중위 순회

마지막으로 작성할 메서드는 keySet 메서드로, 트리에 있는 키를 오름차순으로 포함하는 Set 객체를 반환합니다. Map의 다른 구현에서 keySet 메서드가 반환하는 키들은 특별한 순서가 없지만, 트리 구현의 장점 중 하나는 단순하고 효율적으로 키를 정렬할 수 있다는 것입니다. 따라서 이러한 장점을 활용합니다.

해답은 다음과 같습니다(파일명: MyTreeMap.java).

```java
public Set<K> keySet() {
    Set<K> set = new LinkedHashSet<K>();
    addInOrder(root, set);
    return set;
}
private void addInOrder(Node node, Set<K> set) {
    if (node == null) return;
    addInOrder(node.left, set);
    set.add(node.key);
    addInOrder(node.right, set);
}
```

keySet 메서드에서 요소의 순서를 유지하는 Set 구현체인 LinkedHashSet 객체를 생성합니다(다른 Set 구현과는 다릅니다). 그리고 addInOrder 메서드를 호출하여 트리를 순회합니다.

첫 번째 인자인 node는 초기에는 트리의 루트지만, 이미 예상하듯이 트리를 재귀적으로 순회할 때 사용합니다. addInOrder 메서드는 전통적인 트리의 중위 순회in-order traversal를 실행합니다.

node가 null이면 하위 트리가 비었다는 의미이므로 set 변수에 아무것도 추가하지 않고 반환합니다. node가 null이 아니면 다음을 수행합니다.

1. 왼쪽 하위 트리를 순서대로 순회합니다.

2. node.key를 추가합니다.

3. 오른쪽 하위 트리를 순서대로 순회합니다.

BST 속성은 왼쪽 하위 트리의 모든 노드가 node.key보다 작고, 오른쪽 하위 트리의 모든 노드는 node.key보다 큼을 보장합니다. 따라서 node.key는 올바른 순서로 추가되었음을 알 수 있습니다.

같은 내용을 재귀적으로 적용하면 왼쪽 하위와 오른쪽 하위 트리의 요소들이 순서대로 되어 있음을 알 수 있습니다. 기저 사례 또한 충족합니다. 즉, 하위 트리가 비어 있으면 키는 추가되지 않습니다. 따라서 이 메서드는 올바른 순서로 모든 키를 추가하게 됩니다.

이 메서드는 트리에 있는 모든 노드를 방문하므로 containsValue 메서드와 마찬가지로 실행시간은 n에 비례합니다.

13.5 로그 시간 메서드

MyTreeMap 클래스에서 get과 put 메서드는 실행시간이 트리의 높이인 h에 비례합니다. 실습 10에서 트리가 가득 차면, 즉 트리의 모든 수준이 노드를 최대로 포함하면 트리의 높이는 log n에 비례한다고 하였습니다.

또한 get과 put 메서드도 로그 시간입니다. 즉, 실행시간이 log n에 비례합니다. 하지만 대부분 응용 프로그램에서 트리가 가득 찬다고 보장할 수 없습니다. 일반적으로 트리의 모양은 키와 키가 추가되는 순서에 따릅니다.

이것이 실제로 어떻게 동작하는지 알아보고자 두 개의 예제 데이터로 우리의 구현을 테스트해보겠습니다. 두 예제 데이터는 무작위 문자열 리스트와 증가하는 타임스탬프 리스트입니다.

다음은 난수 문자열을 생성하는 코드입니다(파일명: MyTreeMapExample.java).

```
Map<String, Integer> map = new MyTreeMap<String, Integer>();

    for (int i=0; i<n; i++) {
    String uuid = UUID.randomUUID().toString();
    map.put(uuid, 0);
}
```

UUID는 java.util 패키지에 있는 클래스로, 무작위로 범용 고유 식별자universally unique identifier, UUID를 생성합니다. UUID는 다양한 응용 프로그램에서 유용하지만, 이 예제에서는 무작위 문자열을 생성하는 손쉬운 방법을 활용합니다.

이 코드를 n=16384로 실행하였고 실행시간과 최종 트리의 높이를 계산하였습니다. 결과는 다음과 같습니다.

```
Time in milliseconds = 151
Final size of MyTreeMap = 16384
log base 2 of size of MyTreeMap = 14.0
Final height of MyTreeMap = 33
```

트리가 가득 찼을 때 트리 높이를 알아보고자 'log base 2 of size of MyTreeMap'을 포함하였습니다. 결과는 가득 찼을 때 트리 높이가 14이며 이때 노드가 16,384개임을 나타냅니다.

무작위 문자열의 실제 트리는 높이가 33으로, 이론상 최소값보다 상당히 높지만 그리 나쁘지는 않습니다. 16,384개의 노드 중에서 한 키를 찾으려면 33번만 비교하면 됩니다. 선형 검색 linear search과 비교하면 거의 500배나 빠릅니다.

이 성능은 무작위 문자열 또는 특별한 순서 없이 추가된 다른 키에서는 일반적입니다. 트리의 최종 높이는 이론상 최소값보다 2~3배 높지만, 여전히 n보다 훨씬 작은 log n에 비례합니다. 사실 log n은 n이 증가함에 따라 느리게 증가합니다. 실제로는 상수 시간과 로그 시간을 구별하기 어려울 수 있습니다.

하지만 이진 탐색 트리가 항상 그렇게 잘 동작하지는 않습니다. 증가하는 순서대로 키를 추가하였을 때 어떤 일이 일어나는지 알아봅시다. 다음은 나노 초 단위로 타임스탬프를 측정하고 이를 키로 사용하는 예제입니다(파일명: MyTreeMapExample.java).

```java
MyTreeMap<String, Integer> map = new MyTreeMap<String, Integer>();

for (int i=0; i<n; i++) {
    String timestamp = Long.toString(System.nanoTime());
    map.put(timestamp, 0);
}
```

System.nanoTime 메서드는 경과 시간을 나노 초 단위로 나타내는 long형의 정수를 반환합니다. 이 메서드를 호출할 때마다 조금 더 큰 숫자를 얻습니다. 이 타임스탬프를 문자열로 변환하면 알파벳 순으로 증가하는 값이 나옵니다.

실행 결과는 다음과 같습니다.[1]

```
Time in milliseconds = 1158
Final size of MyTreeMap = 16384
log base 2 of size of MyTreeMap = 14.0
Final height of MyTreeMap = 16384
```

실행시간은 앞의 예보다 7배나 깁니다. 왜 그런지 궁금하다면 트리의 최종 높이가 16,384라는 것을 주목하기 바랍니다.

put 메서드가 어떻게 동작하는지 생각해 보면 어떻게 진행하는지 알 수 있습니다. 새로운 키를 추가할 때마다 해당 키는 트리에 있는 모든 키보다 크기 때문에 항상 오른쪽 하위 트리를 선택하고 항상 가장 오른쪽 노드의 오른쪽 자식 노드에 새로운 노드를 추가합니다. 결과는 오직 오른쪽 자식만 포함하는 불균형 트리입니다.

이 트리의 높이는 n에 비례하고 log n에 비례하지 않습니다. 따라서 get과 put 메서드는 로그 시간이 아니라 선형 시간입니다.

다음 그림은 균형과 불균형 트리의 예를 보여줍니다. 균형 트리balanced tree에서는 높이가 4면 전체 노드 개수는 $2^4-1 = 15$입니다. 같은 노드 개수를 가진 불균형 트리의 높이는 15가 됩니다.

그림 13-1 균형(왼쪽)과 불균형(오른쪽) 이진 탐색 트리

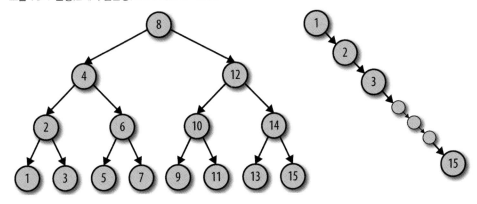

---

1 옮긴이 주_역자의 컴퓨터에서 실행해 보니 StackOverflowError가 발생하였습니다. n = 16384에서 숫자를 조금 줄이면 정상적으로 동작합니다.

13.6 자가 균형 트리

이 문제에서는 두 가지 해법이 가능합니다.

- Map 객체에 키를 순서대로 넣지 않으면 됩니다. 하지만 항상 가능하지는 않습니다.
- 키가 순서대로 들어오더라도 이를 대응하도록 트리를 만들 수 있습니다.

두 번째 해법이 더 좋으며 이 해법을 실행할 수 있는 몇 가지 방법이 있습니다. 가장 일반적인 방법은 put 메서드를 고쳐서 트리가 불균형해질 때 이를 탐지하고 불균형하다면 노드를 재배열하는 것입니다. 이 기능을 자가 균형이라고 합니다. 일반적인 자가 균형 트리self-balancing tree에는 AVL 트리('AVL'은 발명자 이름의 머리글자임)와 자바의 TreeMap 클래스가 사용하는 레드 블랙 트리red-black tree가 있습니다.

예제 코드에서 MyTreeMap 클래스를 자바의 TreeMap 클래스로 대체하면 실행시간은 무작위 문자열과 타임스탬프에서 거의 비슷하게 나옵니다. 사실 타임스탬프 사례는 키가 순서대로 있더라도 더 빠른데, 그 이유는 해시하는 데 시간이 적게 들기 때문입니다.

요약하면 이진 탐색 트리는 로그 시간으로 get과 put 메서드를 구현할 수 있지만, 이때는 트리가 충분히 균형을 유지하는 순서로 키를 추가해야 합니다. 자가 균형 트리는 새로운 키가 추가될 때 추가적인 작업을 함으로써 이러한 문제를 회피할 수 있습니다.

자가 균형 트리에 대해서는 http://thinkdast.com/balancing을 참고하세요.

13.7 추가 실습

실습 9에서는 remove 메서드를 구현할 필요가 없었지만, 시도해 보고 싶을 수도 있습니다. 트리 중간에 있는 노드를 제거하면 나머지 노드가 BST 속성을 유지하도록 재배열해야 합니다. 여러분 스스로 방법을 찾아낼 수 있습니다. 자세한 내용은 http://thinkdast.com/bstdel을 참고하세요.

노드 제거와 트리의 균형을 다시 맞추는 것은 유사한 연산입니다. 이 실습을 해본다면 자가 균형 트리가 어떻게 동작하는지 더 잘 이해할 수 있습니다.

CHAPTER 14

영속성

이후 몇 가지 실습에서는 다시 웹 검색 엔진 구축으로 돌아갑니다. 앞의 내용을 상기해 보면 검색 엔진은 다음과 같은 부분으로 구성됩니다.

- **크롤링**
  웹 페이지를 다운로드하고 파싱하고 본문과 다른 페이지로의 링크를 추출합니다.
- **인덱싱**
  검색어를 조사하고 검색어를 포함한 페이지를 찾을 수 있는 인덱스가 필요합니다.
- **검색**
  인덱스로부터 결과를 수집하고 검색어와 가장 관련 있는 페이지를 식별하는 방법이 필요합니다.

여러분이 실습 6을 하였다면 자바 맵을 사용하여 인덱스를 구현하였습니다. 이번 실습에서는 인덱서를 재방문하여 데이터베이스에 결과를 저장하는 새 버전을 만듭니다.

실습 5도 하였다면 검색된 첫 번째 링크를 따라가는 크롤러를 만들었습니다. 다음 실습에서는 검색된 모든 링크를 큐에 저장하고 이 링크들을 순서대로 탐색하는 좀 더 일반화한 버전을 만듭니다.

마지막으로 검색 문제를 작업합니다.

이 실습들에서는 시작 코드를 적게 제공하며 여러분이 설계 과정에 좀 더 참여하게 됩니다. 이 실습들은 또한 열린 결말입니다. 여러분이 달성해야 할 최소한의 목표는 제시하지만, 스스로 도전하길 원한다면 앞으로 나아갈 방법은 많습니다.

자, 새로운 버전의 인덱서를 만들어 봅시다.

14.1 레디스

이전 버전의 인덱서는 인덱스를 두 가지 자료구조에 저장합니다. TermCounter 클래스는 검색어별로 웹 페이지 등장 횟수를 매핑하고, Index 클래스는 검색어별로 검색어가 등장한 페이지의 집합을 매핑합니다.

이러한 자료구조는 실행 중인 자바 프로그램의 메모리 저장되는데, 이것은 프로그래밍이 멈추면 인덱스가 모두 사라진다는 것을 의미합니다. 실행 중인 프로그램의 메모리에 저장된 데이터를 휘발성^{volatile}이라고 하는데, 이는 프로그램이 끝나면 모두 날아가기 때문입니다.

데이터를 생성한 프로그램이 끝나도 지속하는 데이터를 영속적^{persistent}이라고 합니다. 일반적으로 파일 시스템에 저장된 파일은 영속적이며 데이터베이스에 저장된 데이터도 마찬가지입니다.

데이터를 영속적으로 만드는 간단한 방법은 파일에 저장하는 것입니다. 프로그램이 종료되기 전에 JSON(http://thinkdast.com/json 참고) 같은 포맷으로 자료구조를 변환하여 파일에 저장합니다. 프로그램을 재시작하면 파일에서 읽어와 자료구조를 다시 만듭니다.

하지만 이 해법에는 몇 가지 문제점이 있습니다.

- (웹 인덱스 같은) 대량의 자료구조를 읽고 쓰면 느려집니다.
- 전체 자료구조는 단일 실행 프로그램의 메모리에 다 들어가지 않을 수 있습니다.
- 프로그램이 비정상으로 종료된다면(예를 들어 정전) 프로그램이 마지막으로 실행된 이후의 변경사항은 잃어버릴 수 있습니다.

이보다 더 나은 대안으로는 영속적인 저장 공간을 제공하며 전체 데이터를 읽거나 쓰지 않아도 데이터를 입출력할 수 있는 데이터베이스를 활용하는 것입니다.

다양한 기능을 제공하는 데이터베이스 관리 시스템$^{database\ management\ system,\ DBMS}$에는 많은 종류가 있습니다. 데이터베이스에 관한 개요는 http://thinkdast.com/database를 참고하세요.

이 실습에서 추천하는 데이터베이스는 레디스^{Redis}입니다. 레디스는 자바 자료구조와 유사한 영속적인 자료구조를 제공합니다. 특히 주목할 자료구조는 다음과 같습니다.

- 자바 List와 유사한 문자열 리스트
- 자바 Map과 유사한 해시
- 자바 Set과 유사한 문자열 집합

레디스는 키-값 데이터베이스로, 데이터베이스가 포함한 자료구조(즉, 값)는 유일한 문자열(즉, 키)로 식별됩니다. 레디스의 키는 자바에서 참조와 동일한 역할, 즉 객체를 식별합니다. 몇 가지 예제를 살펴보겠습니다.

14.2 레디스 클라이언트와 서버

레디스는 일반적으로 원격 서비스로 동작합니다. 사실 레디스라는 이름이 의미하는 바도 'REmote DIctionary Server(원격 딕셔너리 서버)'입니다. 레디스를 사용하려면 어딘가에서 레디스 서버를 실행하고 레디스 클라이언트로 접속해야 합니다. 서버를 설정하는 방법이 다양하고 사용할 수 있는 클라이언트도 여러 가지입니다. 이 실습을 위해 다음과 같이 조언합니다.

- 직접 서버를 설치하고 실행하기보다는 클라우드에서 레디스를 실행하는 레디스투고^{RedisToGo}(http://thinkdast.com/redistogo) 서비스를 사용해 보세요. 실습하는 데 충분한 용량[1]을 제공하는 무료 요금제가 있습니다.
- 클라이언트로는 제디스^{Jedis}를 추천합니다. 제디스는 레디스와 작업할 수 있는 클래스와 메서드를 제공하는 자바 라이브러리입니다.

실습을 시작하는 데 도움을 주고자 상세히 설명합니다.

- http://thinkdast.com/redissign을 참고하여 레디스투고에서 계정을 만들고 요금제(무료 요금제)를 선택합니다.
- 레디스 서버를 실행하는 가상 머신인 인스턴스^{instance}를 생성합니다. 'Instances' 탭을 선택하면 새로운 인스턴스가 보입니다. 각 인스턴스는 호스트 이름과 포트 번호로 구분됩니다. 예를 들어, 필자의 인스턴스는 'dory-10534'입니다.
- 인스턴스 이름을 클릭하여 설정 페이지로 갑니다. 페이지 상단에 다음과 같은 URL이 나오면 이를 적어둡니다.

```
redis://redistogo:1234567feedfacebeefa1e1234567@dory.redistogo.com:10534
```

---

1 옮긴이주_레디스투고의 무료 요금제는 5MB 용량을 제공합니다.

이 URL은 서버의 호스트 이름인 dory.redistogo.com과 포트 번호인 10534, 서버 접속 비밀번호를 포함합니다. 중간에 있는 긴 숫자와 문자열이 비밀번호입니다. 다음 단계에서 이 정보가 필요합니다.

14.3 레디스 기반 인덱스 만들기

이 책의 코드 저장소에 실습을 위한 소스 파일이 있습니다.

- **JedisMaker.java**
  레디스 서버에 접속하고 제디스 메서드를 실행하는 예제 코드가 있습니다.

- **JedisIndex.java**
  이 실습의 시작 코드가 들어 있습니다.

- **JedisIndexTest.java**
  JedisIndex 클래스를 위한 테스트 코드가 있습니다.

- **WikiFetcher.java**
  실습 6에서 jsoup 라이브러리로 웹 페이지를 읽고 파싱하는 데 사용한 코드입니다.

앞의 실습에서 작업한 파일들도 필요합니다.

- **Index.java**
  자바 자료구조를 사용하여 인덱스를 구현합니다.

- **TermCounter.java**
  검색어별 등장 횟수를 매핑합니다.

- **WikiNodeIterable.java**
  jsoup 라이브러리로 생성된 DOM 트리의 노드를 순회합니다.

여러분이 작업한 이 파일들이 있다면 이번 실습에서 그대로 사용해도 됩니다. 이전 실습을 하지 않았거나 여러분 해답에 자신이 없다면 solutions 폴더에서 해당 파일을 가져와도 됩니다.

첫 번째 단계는 제디스로 레디스 서버에 접속하는 것입니다. JedisMaker.java 파일은 이 작업을 어떻게 하는지 보여줍니다. 파일에서 레디스 서버의 정보를 읽어 접속하고 여러분의 비밀번호로 로그인합니다. 그다음 레디스 연산을 실행한 Jedis 객체를 반환합니다.

JedisMaker.java 파일을 열면 Jedis 객체를 생성하는 make라는 하나의 정적 메서드를 볼 수 있습니다. Jedis 객체가 인증되면 이 객체로 여러분의 레디스 데이터베이스와 통신할 수 있습니다.

JedisMaker 클래스는 src/resources 디렉터리에 있는 redis_url.txt 파일에서 레디스 서버의 정보를 읽습니다.

- 텍스트 편집기를 사용하여 ThinkDataStructures/code/src/resources/redis_url.txt 파일을 생성합니다.
- 여기에 여러분 서버의 URL을 붙여넣습니다. 레디스투고를 사용한다면 URL은 redis://redistogo:1234567feedfacebeefa1e1234567@dory.redistogo.com:10534와 같은 형식입니다.

이 파일에는 레디스 서버의 비밀번호가 들어 있으므로 공개 저장소에 올리면 안 됩니다. 실수로 이런 일이 일어나는 것을 막고자 저장소의 .gitignore 파일에 파일명을 명시하는 것이 좋습니다.

이제 ant build 명령으로 소스 파일을 컴파일하고 ant JedisMaker 명령을 실행하여 실습 코드의 main 메서드를 실행합니다(파일명: JedisMaker.java).

```java
public static void main(String[] args) {

    Jedis jedis = make();

    // String
    jedis.set("mykey", "myvalue");
    String value = jedis.get("mykey");
    System.out.println("Got value: " + value);

    // Set
    jedis.sadd("myset", "element1", "element2", "element3");
    System.out.println("element2 is member: " + jedis.sismember("myset", "element2"));

    // List
    jedis.rpush("mylist", "element1", "element2", "element3");
    System.out.println("element at index 1: " + jedis.lindex("mylist", 1));

    // Hash
    jedis.hset("myhash", "word1", Integer.toString(2));
    jedis.hincrBy("myhash", "word2", 1);
    System.out.println("frequency of word1: " + jedis.hget("myhash", "word1"));
    System.out.println("frequency of word1: " + jedis.hget("myhash", "word2"));
```

```
        jedis.close();
    }
```

이 예제는 이 실습에서 자주 사용하는 데이터 타입과 메서드를 보여줍니다. 실행 결과는 다음과 같습니다.

```
Got value: myvalue
element2 is member: true
element at index 1: element2
frequency of word1: 2
frequency of word2: 1
```

다음 절에서는 코드가 어떻게 동작하는지 설명합니다.

14.4 레디스 데이터 타입

레디스는 기본으로 String 타입의 키와 다양한 데이터 타입 중 하나를 값으로 넣을 수 있는 맵 구조입니다. 가장 기본적인 레디스 데이터 타입은 *string*입니다. 이 책에서는 자바 타입과 구분하고자 레디스 타입을 이탤릭체로 쓰겠습니다.

데이터베이스에 *string*을 넣기 위해서는 Map.put 메서드와 유사한 jedis.set 메서드를 사용합니다. 인자는 새로운 키와 그에 맞는 값입니다. 키를 조회하고 값을 얻기 위해서는 다음과 같이 jedis.get 메서드를 사용합니다(파일명: JedisMaker.java).

```
jedis.set("mykey", "myvalue");
String value = jedis.get("mykey");
```

이 예제에서 키는 mykey이고, 값은 myvalue입니다.

레디스는 자바의 Set<String>과 유사한 *set* 구조를 지원합니다. 레디스 *set*에 요소를 추가하려면 *set*을 구별할 수 있는 키를 고르고 jedis.sadd 메서드를 호출합니다(파일명: JedisMaker. java).

```
jedis.sadd("myset", "element1", "element2", "element3");
boolean flag = jedis.sismember("myset", "element2");
```

여러분이 직접 *set*을 생성할 필요는 없습니다. *set*이 존재하지 않으면 레디스가 생성합니다. 이 예제에서 *set*의 이름은 myset이고 세 개의 요소를 포함합니다.

Jedis.sismember 메서드는 요소가 *set*에 있는지 검사합니다. 요소를 추가하고 멤버인지 확인하는 것은 상수 시간 연산입니다.

레디스는 또한 자바의 List<String>과 유사한 *list* 구조를 제공합니다. Jedis.rpush 메서드는 *list*의 끝(오른쪽)에 요소를 추가합니다(파일명: JedisMaker.java).

```
jedis.rpush("mylist", "element1", "element2", "element3");
String element = jedis.lindex("mylist", 1);
```

이번에도 요소를 추가하기 전에 구조를 생성할 필요가 없습니다. 이 예제에서는 세 개의 요소를 포함한 mylist라는 이름의 *list*를 생성합니다.

jedis.lindex 메서드는 정수 인덱스를 받아 *list*의 지정된 요소를 반환합니다. 요소를 추가하고 접근하는 것은 상수 시간 연산입니다.

마지막으로 레디스는 자바의 Map<String, String>과 유사한 *hash* 구조를 제공합니다. Jedis.hset 메서드는 *hash*에 새로운 엔트리를 추가합니다(파일명: JedisMaker.java).

```
jedis.hset("myhash", "word1", Integer.toString(2));
String value = jedis.hget("myhash", "word1");
```

이 예는 한 개의 엔트리를 갖는 myhash라는 이름의 *hash*를 생성하고 word1 키에 값 2를 매핑하였습니다.

키와 값은 모두 *string*입니다. 따라서 Integer를 저장하고 싶다면 hset 메서드를 호출하기 전에 String 타입으로 변환해야 합니다. hget 메서드로 값을 조회할 때 결과는 String이므로 Integer로 다시 변환해야 합니다.

레디스로 작업할 때 *hash*가 혼란스러울 수 있습니다. *hash*를 식별하는 키도 있고, *hash* 안에 있는 값을 식별할 때도 키를 사용하기 때문입니다. 따라서 레디스에서는 이 상황을 바로 잡기 위해 두 번째 키를 필드field라고 부릅니다. 따라서 myhash 같은 키는 특정 *hash*를 식별하고, word1 같은 필드는 *hash* 안의 값을 식별합니다.

많은 응용 프로그램에서 레디스 *hash* 안의 값은 정수이므로 레디스는 hincrby 같은 특별한 메서드를 제공합니다. 이 메서드는 값을 정수로 취급합니다(파일명: JedisMaker.java).

```
jedis.hincrBy("myhash", "word2", 1);
```

이 메서드는 myhash에 접근하여 word2 필드의 현재 값(존재하지 않으면 0)을 가져와서 1만큼 증가시키고 *hash*에 결과를 다시 넣어둡니다.

*hash*에 엔트리를 넣고 가져오고 증가시키는 것은 모두 상수 시간 연산입니다.

레디스 데이터 타입에 관한 내용은 http://thinkdast.com/redistypes를 참고하세요

14.5 실습 11

이제 여러분은 레디스 데이터베이스에 결과를 저장하는 웹 검색 인덱스를 만드는 데 필요한 정보를 갖게 되었습니다.

자, 그러면 ant JedisIndexTest 명령을 실행합니다. 여러분이 할 일이 남았기 때문에 테스트는 역시 실패합니다. JedisIndexTest 클래스는 다음 메서드들을 테스트합니다.

- **JedisIndex**
  Jedis 객체를 인자로 받는 생성자입니다.
- **indexPage**
  웹 페이지에 인덱스를 추가하는 메서드입니다. String 타입의 URL과 인덱싱해야 하는 페이지의 요소들을 포함한 jsoup 라이브러리의 Elements 객체를 인자로 받습니다.
- **getCounts**
  검색어를 인자로 받아 Map<String, Integer> 객체를 반환하는 메서드입니다. 이 객체는 검색어를 포함한 각 URL에서 페이지에 검색어가 등장한 횟수를 매핑합니다.

다음은 이 메서드들을 사용하는 예제 코드입니다.

```
WikiFetcher wf = new WikiFetcher();
String url1 = "http://en.wikipedia.org/wiki/Java_(programming_language)";
Elements paragraphs = wf.readWikipedia(url1);

Jedis jedis = JedisMaker.make();
JedisIndex index = new JedisIndex(jedis);
index.indexPage(url1, paragraphs);
Map<String, Integer> map = index.getCounts("the");
```

결과로 나오는 map 객체에서 url1을 조회하면 자바 위키피디아 페이지에서 'the' 단어가 등장한 횟수로 339를 얻게 됩니다(필자가 저장한 페이지 기준). 같은 페이지를 다시 인덱싱하면 새로운 결과는 기존 결과를 대체합니다.

자바에서 레디스로의 자료구조 변환에 대한 한 가지 제안

레디스 데이터베이스의 각 객체는 *string*형인 유일한 키로 식별합니다. 같은 데이터베이스에 두 종류의 객체가 있다면 이 둘을 구분할 수 있는 접두사를 추가해야 합니다. 예를 들어, 이 책의 해법에서는 두 종류의 객체가 있습니다.

- 주어진 검색어가 있는 URL을 포함한 레디스의 *set*은 URLSet 클래스로 정의합니다. 각 URLSet의 키는 "URLSet :"로 시작합니다. 따라서 'the' 단어를 포함한 URL을 얻으려면 "URLSet :the"라는 키로 *set*에 접근해야 합니다.
- 각 검색어가 페이지에 등장한 횟수를 매핑하는 레디스 *hash*로 TermCounter 클래스를 정의합니다. 각 TermCounter 객체의 키는 "TermCounter :"로 시작하고 조회하려는 페이지의 URL로 끝납니다.

필자의 구현에서는 검색어별로 하나의 URLSet 객체가 있고, 인덱싱하는 페이지별로 하나의 TermCounter 객체가 있습니다. urlSetKey와 termCounterKey라는 두 헬퍼 메서드로 이 키들을 조립합니다.

14.6 추가 제안

이제 여러분은 실습을 수행하는 데 필요한 모든 정보가 있습니다. 따라서 준비되었다면 시작할 수 있습니다. 하지만 먼저 읽으면 좋을 몇 가지 제안이 있습니다.

- 이번 실습에서는 앞의 실습들보다 적은 지침을 제공합니다. 여러분은 몇 가지 설계에 관한 의사 결정을 해야 합니다. 특히 문제를 한 번에 하나씩 테스트할 수 있는 조각으로 어떻게 나눌지 결정해야 합니다. 그리고 이 조각들을 한 개의 완전한 해법으로 조립해야 합니다. 작게 나누지 않고 전체를 한 번에 작성하려고 하면 디버깅하는 데 많은 시간이 걸릴 수 있습니다.

- 영속성 데이터로 작업할 때 한 가지 도전 과제는 데이터가 영속적이라는 것입니다. 데이터베이스에 저장된 구조들은 프로그램을 실행할 때마다 변할 수 있습니다. 데이터베이스에서 무언가를 망쳤다면 진행하기 전에 고치거나 다시 시작해야 합니다. 이러한 것들을 통제할 수 있게 필자는 JedisIndex 클래스에 deleteURLSets과 deleteTermCounters, deleteAllKeys 메서드를 제공합니다. 여러분은 이 메서드들로 데이터베이스를 정리하고 새롭게 시작할 수 있습니다. 또한, printIndex 메서드를 활용하면 인덱스의 내용을 출력할 수 있습니다.

- Jedis 메서드를 호출할 때마다 클라이언트는 서버로 메시지를 전송하고 서버는 요청받은 행동을 수행하고 메시지를 다시 전송합니다 다수의 작은 동작을 수행한다면 응답시간이 오래 걸릴 수 있습니다. 이럴 때는 Transation 객체를 활용하여 다수의 연산을 그룹 지어 성능을 향상할 수 있습니다.

예를 들어, 단순한 버전의 deleteAllKeys 메서드는 다음과 같습니다.

```
public void deleteAllKeys() {
    Set<String> keys = jedis.keys("*");
    for (String key: keys) {
        jedis.del(key);
    }
}
```

del 메서드를 호출할 때마다 클라이언트에서 서버로 돌아오는 왕복 시간이 필요합니다. 인덱스가 몇 페이지 이상 포함하고 있다면 이 메서드는 실행시간이 오래 걸릴 수 있습니다. 이때는 Transaction 객체로 속도를 높일 수 있습니다(파일명: JedisIndex.java).

```
public void deleteAllKeys() {
    Set<String> keys = jedis.keys("*");
    Transaction t = jedis.multi();
    for (String key: keys) {
        t.del(key);
    }
```

```
        t.exec();
    }
```

jedis.multi 메서드는 Jedis 객체의 모든 메서드를 제공하는 Transaction 객체를 반환합니다. 하지만 Transaction 객체에서 어떤 메서드를 호출하면 당장은 아무런 동작도 하지도 않고 서버와 통신하지도 않습니다. Transaction 객체는 exec 메서드를 호출하기 전까지 배치 동작으로 쌓아둡니다. 그러면 저장된 모든 동작을 서버로 한꺼번에 보내는데, 이는 일반적으로 훨씬 속도가 빠릅니다.

14.7 설계 힌트

이제 정말 필요한 모든 정보를 갖추었습니다. 실습을 시작해 보겠습니다. 진행이 막혔거나 어떻게 시작해야 할지 모르겠다면 몇 가지 힌트를 받아서 시작하기 바랍니다.

테스트 코드를 실행하고 몇 가지 기본적인 레디스 명령을 실행하고 JedisIndex.java 파일에 몇 가지 메서드를 작성해 보기 전에는 다음 내용을 읽지 마세요.

좋습니다. 정말 막혔다면 다음 메서드를 참고하세요(파일명: JedisIndex.java).

```
/**
 * 검색어에 연관된 set에 URL을 추가합니다.
 */
public void add(String term, TermCounter tc) {}
/**
 * 검색어를 조회하여 URL 집합을 반환합니다.
 */
public Set<String> getURLs(String term) {}
/**
 * 주어진 URL에 있는 검색어가 등장하는 횟수를 반환합니다.
 */
public Integer getCount(String url, String term) {}
/**
 * TermCounter에 있는 내용을 레디스로 푸시합니다.
 */
public List<Object> pushTermCounterToRedis(TermCounter tc) {}
```

필자의 해법에서 앞의 메서드들을 사용하지만 이것들이 유일한 해법은 아닙니다. 따라서 도움이 된다면 따라 해도 좋고, 아니라면 무시해도 좋습니다.

각 메서드에 대해 테스트 메서드를 먼저 작성해 보세요. 메서드를 테스트하는 방법을 알게 되면 실제 메서드 작성에도 큰 도움이 됩니다.

행운을 빕니다!

CHAPTER 15

위키피디아 크롤링

이 장에서는 실습 11의 해법을 제시하고 웹 인덱싱 알고리즘의 성능을 분석합니다. 그리고 간단한 웹 크롤러를 만들어 봅니다.

15.1 레디스 기반의 인덱서

필자의 해법에서는 레디스에 두 종류의 구조를 저장합니다.

- 검색어마다 URLSet 객체가 있습니다. 이 객체는 검색어를 포함한 URL들의 레디스 *set*입니다.
- URL마다 TermCounter 객체가 있습니다. 이 객체는 검색어와 검색어 등장 횟수를 매핑하는 레디스 *hash*입니다.

이러한 데이터 타입에 관해서는 앞 장에서 다루었습니다. 레디스 자료구조에 관한 자세한 내용은 http://thinkdast.com/redistypes를 참고하세요.

JedisIndex 클래스에는 검색어를 인자로 받아 검색어의 URLSet에 해당하는 레디스 키를 반환하는 다음 메서드가 있습니다(파일명: JedisIndex.java).

```
private String urlSetKey(String term) {
    return "URLSet:" + term;
}
```

그리고 URL을 인자로 받아 URL의 TermCounter에 해당하는 레디스 키를 반환하는 메서드도 있습니다(파일명: JedisIndex.java).

```java
private String termCounterKey(String url) {
    return "TermCounter:" + url;
}
```

다음은 URL과 jsoup 라이브러리의 Elements 객체를 인자로 받는 indexPage 메서드입니다. Elements 객체는 인덱싱하려는 단락들의 DOM 트리를 포함합니다(파일명: JedisIndex.java).

```java
public void indexPage(String url, Elements paragraphs) {
    System.out.println("Indexing " + url);

    // TermCounter 객체를 만들어 단락에 있는 검색어 개수를 셉니다
    TermCounter tc = new TermCounter(url);
    tc.processElements(paragraphs);

    // TermCounter의 내용을 레디스에 푸시합니다
    pushTermCounterToRedis(tc);
}
```

페이지를 인덱싱하기 위해 다음을 수행합니다.

1. 실습 11의 코드를 활용하여 페이지 내용에 대한 자바 TermCounter 클래스를 만듭니다.

2. TermCounter의 내용을 레디스에 푸시합니다.

다음은 TermCounter의 내용을 레디스에 푸시하는 새로운 코드입니다(파일명: JedisIndex.java).

```java
public List<Object> pushTermCounterToRedis(TermCounter tc) {
    Transaction t = jedis.multi();

    String url = tc.getLabel();
    String hashname = termCounterKey(url);

    // 페이지가 이미 인덱싱되어 있다면 기존 해시를 제거합니다
    t.del(hashname);

    // 각 검색어에 대해 TermCounter에 엔트리와 인덱스의 새 멤버를 추가합니다.
    for (String term: tc.keySet()) {
        Integer count = tc.get(term);
        t.hset(hashname, term, count.toString());
```

```
        t.sadd(urlSetKey(term), url);
    }
    List<Object> res = t.exec();
    return res;
}
```

이 메서드는 Transaction 객체에 연산들을 모아서 한꺼번에 서버로 보냅니다. 이것이 작은 연산들을 여러 번 보내는 것보다 훨씬 빠릅니다.

TermCounter 객체에 있는 검색어에 대해 반복문을 실행하고 각 검색어에 다음을 수행합니다.

1. 레디스에서 TermCounter 객체를 찾거나 생성하고 새로운 검색어에 대한 필드를 추가합니다.

2. 레디스에서 URLSet 객체를 찾거나 생성하고 현재 URL을 추가합니다.

페이지에 이미 인덱스가 있다면 새로운 내용을 푸시하기 전에 기존 TermCounter의 내용을 지웁니다.

지금까지 새로운 페이지를 인덱싱하는 코드를 설명하였습니다.

실습의 두 번째 부분은 getCounts 메서드를 작성하는 것입니다. 이 메서드는 검색어를 인자로 받아 검색어가 등장하는 각 URL과 등장 횟수를 매핑하는 맵을 반환합니다. 필자의 구현은 다음과 같습니다(파일명: JedisIndex.java).

```
public Map<String, Integer> getCounts(String term) {
    Map<String, Integer> map = new HashMap<String, Integer>();
    Set<String> urls = getURLs(term);
    for (String url: urls) {
        Integer count = getCount(url, term);
        map.put(url, count);
    }
    return map;
}
```

이 메서드는 다음 두 개의 헬퍼 메서드를 사용합니다.

- **getURLs**
  검색어를 인자로 받아 단어가 등장하는 URL 집합을 반환합니다.

- **getCount**

  URL과 검색어를 인자로 받아 주어진 URL에 검색어가 등장한 횟수를 반환합니다.

구현은 다음과 같습니다(파일명: JedisIndex.java).

```java
public Set<String> getURLs(String term) {
    Set<String> set = jedis.smembers(urlSetKey(term));
    return set;
}

public Integer getCount(String url, String term) {
    String redisKey = termCounterKey(url);
    String count = jedis.hget(redisKey, term);
    return new Integer(count);
}
```

우리가 인덱스를 설계한 방식 덕분에 이 메서드들은 간결하고 효율적입니다.

15.2 조회 성능 분석

N개의 페이지를 인덱싱하고 M개의 고유한 검색어를 검색한다고 합시다. 검색어를 조회하는 데 얼마나 걸릴까요? 진행하기 전에 답을 잠시 생각해 보세요.

검색어를 조회할 때 getCounts 메서드를 호출하여 다음을 수행합니다.

1. 맵을 생성합니다.

2. getURL 메서드를 호출하여 URL 집합을 가져옵니다.

3. 집합에 있는 각 URL에 대해 getCount 메서드를 호출하고 HashMap에 엔트리를 추가합니다.

getURL 메서드의 실행시간은 검색어를 포함한 URL 개수에 비례합니다. 극히 드문 검색어는 개수가 작을 수도 있지만, 일반적인 검색어는 N만큼 클 수 있습니다.

반복문 안에서 getCount 메서드를 호출하는데, 이 메서드는 레디스에서 TermCounter를 찾고 검색어를 조회하고 HashMap에 엔트리를 추가합니다. 이들은 모두 상수 시간 연산이어서

getCount 메서드의 전체 복잡도^{Complexity}는 최악의 상황에 O(N)이 됩니다. 하지만 실제로 실행시간은 검색어를 포함한 페이지의 개수에 비례하고, 페이지 개수는 N보다 훨씬 작습니다.

이 알고리즘은 알고리즘 복잡도 면에서는 효율적이지만, 레디스에 다수의 작은 연산을 전송하기 때문에 매우 느립니다. 이때는 Transction 객체를 활용하여 빠르게 할 수 있습니다. 실습할 때 여러분이 직접 해봐도 되고 아니면 JedisIndex.java 파일에 있는 해답을 참고해도 됩니다.

15.3 인덱싱 성능 분석

우리가 설계한 자료구조를 사용하면 한 페이지를 인덱싱하는 데 얼마나 걸릴까요? 이번에도 진행하기 전에 답을 생각해 보기 바랍니다.

페이지를 인덱싱하려면 페이지의 DOM 트리를 순회하고 모든 TextNode 객체를 찾고 문자열을 검색어로 쪼개야 합니다. 이것을 모두 하는 데 걸리는 시간은 페이지의 단어 개수에 비례합니다.

각 검색어에 대해 HashMap에 있는 카운터를 증가하는데, 이것은 상수 시간 연산입니다. 따라서 TermCounter를 만드는 시간은 페이지에 있는 단어 개수에 비례합니다.

TermCounter의 내용을 레디스에 푸시하려면 TermCounter를 지워야 합니다. 이때 삭제 연산은 고유한 검색어 개수에 선형입니다. 그리고 각 단어에 대해 다음과 같은 동작을 해야 합니다.

1. URLSet에 요소를 추가합니다.

2. 레디스 TermCounter에 요소를 추가합니다.

이들은 모두 상수 시간 연산이므로 TermCounter를 푸시하는 총 시간은 고유한 검색어 개수에 선형입니다.

요약하면 TermCounter를 만드는 것은 페이지에 있는 단어 개수에 비례합니다. TermCounter를 레디스에 푸시하는 것은 고유한 단어 개수에 비례합니다.

페이지에 있는 단어 개수는 보통 고유한 검색어의 개수보다 많으므로 전체 복잡도는 페이지에 있는 단어 개수에 비례합니다. 이론상 한 페이지는 인덱스의 모든 검색어를 포함할 수도 있어서 최악의 상황에 성능은 O(M)이지만, 실무에서 이와 같은 최악의 상황은 원하지 않습니다.

이 분석은 성능 향상 방법을 제시합니다. 매우 일반적인 단어는 인덱싱하지 말아야 합니다. 먼저 이들은 거의 모든 URLSet과 TermCounter에 등장하므로 많은 시간과 공간을 차지합니다. 게다가 관련 페이지를 식별하는 데도 그다지 유용하지 않습니다.

대부분의 검색 엔진은 불용어stop words라는 일반적인 단어는 인덱싱하지 않습니다. 자세한 내용은 http://thinkdast.com/stopword를 참고하세요.

15.4 그래프 순회

7장에서 '철학으로 가는 길' 실습을 하였다면 여러분은 위키피디아 페이지를 읽고 첫 번째 링크를 찾아 이 링크로 다음 페이지를 로딩하고 이를 반복하는 프로그램이 있을 것입니다. 이 프로그램은 특화된 크롤러이긴 하지만, 일반적으로 다음과 같은 동작을 할 때 '웹 크롤러web crawler'라고 합니다.

- 시작 페이지를 로드하고 내용을 인덱싱합니다.
- 페이지에 있는 모든 링크를 찾고 연결된 URL들을 컬렉션에 추가합니다.
- 컬렉션을 반복하며 페이지를 로딩하고 이 페이지를 인덱싱하고 새로운 URL을 추가합니다.
- 이미 인덱싱된 URL을 찾으면 건너뜁니다.

웹을 일종의 그래프로 생각하면 좋습니다. 각 페이지는 노드고, 각 링크는 한 노드에서 다른 노드로의 단방향 선입니다. 그래프에 관해서는 http://thinkdast.com/graph를 참고하세요.

소스 노드에서 시작하여 크롤러는 도달할 수 있는 노드를 한 번씩 방문하여 이 그래프를 순회합니다.

URL을 저장한 컬렉션에 따라 크롤러가 수행할 순회 방식이 결정됩니다.

- 선입선출(FIFO) 큐라면 크롤러는 너비 우선 탐색breadth-first traversal을 합니다.
- 후입선출(LIFO) 스택이라면 크롤러는 깊이 우선 탐색을 합니다.

- 좀 더 일반적으로 컬렉션에 있는 엔트리에 우선순위를 부여할 수 있습니다. 예를 들어, 오랫동안 인덱싱되지 않은 페이지에는 좀 더 높은 우선순위를 주기도 합니다.

그래프 순회에 대해서는 http://thinkdast.com/graphtrav를 참고하세요

15.5 실습 12

이제 크롤러를 작성할 시간입니다. 이 책의 코드 저장소에는 이번 실습을 위한 다음 소스 파일이 있습니다.

- **WikiCrawler.java**
  크롤러의 시작 코드를 포함한 파일입니다.

- **WikiCrawlerTest.java**
  WikiCrawler 클래스의 테스트 코드를 포함한 파일입니다.

- **JedisIndex.java**
  실습 11의 해답이 들어 있습니다.

또한, 실습 11에서 사용한 헬퍼 클래스도 필요합니다.

- JedisMaker.java
- WikiFetcher.java
- TermCounter.java
- WikiNodeIterable.java

JedisMaker 클래스를 실행하기 전에 여러분은 레디스 서버 정보 파일을 제공해야 합니다. 앞의 실습에서 이 작업을 하였다면 문제없습니다. 하지 못하였다면 **14.3 레디스 기반 인덱스 만들기**를 참고하세요.

ant build 명령을 실행하여 소스 코드를 컴파일하고, ant JedisMaker 명령을 실행하여 레디스 서버에 정상 접속되는지 확인합니다.

ant WikiCrawlerTest 명령을 실행하면 테스트가 실패합니다. 해야 할 일이 남았습니다.

WikiCrawler 클래스의 시작 부분은 다음과 같습니다(파일명: WikiCrawler.java).

```java
public class WikiCrawler {

    public final String source;
    private JedisIndex index;
    private Queue<String> queue = new LinkedList<String>();
    final static WikiFetcher wf = new WikiFetcher();

    public WikiCrawler(String source, JedisIndex index) {
        this.source = source;
        this.index = index;
        queue.offer(source);
    }

    public int queueSize() {
        return queue.size();
    }
}
```

인스턴스 변수는 다음과 같습니다.

- **source**
  크롤링을 시작하는 URL입니다.

- **index**
  결과를 저장하는 JedisIndex 객체입니다.

- **queue**
  발견하였으나 아직 인덱싱하지 않은 URL들을 추적하는 LinkedList 객체입니다.

- **wf**
  웹 페이지를 읽고 파싱하는 데 사용할 WikiFetcher 객체입니다.

여러분의 할 일은 crawl 메서드를 채우는 것입니다. 메서드 원형은 다음과 같습니다(파일명: WikiCrawler.java).

```java
public String crawl(boolean testing) throws IOException {}
```

testing 인자는 이 메서드를 WikiCrawlerTest 클래스에서 호출하면 true고, 그 외에는 false 여야 합니다. testing 인자가 true일 때 crawl 메서드는 다음과 같이 동작합니다.

- FIFO 순서로 큐에서 URL을 선택하고 제거합니다.

- `WikiFetcher.readWikipedia` 메서드를 호출하여 페이지의 내용을 읽습니다. 이 메서드는 테스트용으로 코드 저장소에 포함된 페이지의 캐시된 사본을 읽습니다(위키피디아 버전이 변경되는 문제를 회피하기 위함).
- 각 페이지의 인덱싱 여부와 관계없이 페이지를 인덱싱합니다.
- 페이지에 있는 모든 내부 링크를 찾아서 등장한 순서대로 큐에 추가합니다. 내부 링크는 모두 다른 위키피디아 페이지에 대한 링크입니다.
- 인덱싱한 페이지의 URL을 반환합니다.

testing 인자가 false면 이 메서드는 다음과 같이 동작합니다.

- FIFO 순서로 큐에서 URL을 선택하고 제거합니다.
- URL이 이미 인덱싱되어 있다면 다시 인덱싱하지 않고 null을 반환합니다.
- 인덱싱되어 있지 않다면 `WikiFetcher.fetchWikipedia` 메서드를 호출하여 페이지 내용을 읽습니다. 이 때는 웹에 있는 최신 내용을 읽습니다.
- 그다음 페이지를 인덱싱하고 큐에 링크를 추가한 후 인덱싱한 페이지의 URL을 반환합니다.

WikiCrawlerTest 클래스는 약 200개 링크를 담은 큐를 로드하고 crawl 메서드를 세번 호출합니다. 각 호출 후에는 반환값과 새로운 큐 길이를 확인합니다.

여러분의 크롤러가 지정한 대로 동작한다면 테스트는 통과하게 됩니다. 행운을 빕니다!

CHAPTER 16

불리언 검색

이 장에서는 실습 12의 해답을 제시합니다. 그리고 다수의 검색 결과를 결합하고 검색어와의 관련성을 기준으로 정렬하는 코드를 작성합니다.

16.1 크롤러 해답

먼저 실습 12의 해답을 살펴봅시다. 앞서 WikiCrawler의 개요를 제공하였고 여러분이 할 일은 crawl 메서드를 채우는 것이었습니다. WikiCrawler 클래스의 필드를 다시 자세히 살펴보면 다음과 같습니다(파일명: WikiCrawler.java).

```
public class WikiCrawler {
    // 시작한 곳을 추적
    private final String source;

    // 결과를 넣는 인덱스
    private JedisIndex index;

    // 인덱싱된 URL의 큐
    private Queue<String> queue = new LinkedList<String>();

    // 위키피디아에서 페이지를 가져오는 클래스
    final static WikiFetcher wf = new WikiFetcher();
}
```

WikiCrawler 객체를 생성할 때 source와 index 변수를 제공합니다. 또한 초기에 queue 변수는 source라는 한 개의 요소만 있습니다.

queue 변수의 구현이 LinkedList 클래스이므로 요소는 끝에 추가되고 상수 시간입니다(삭제는 시작에서 합니다). queue 변수에 LinkedList 객체를 할당하였기 때문에 Queue 인터페이스에 있는 메서드만 호출합니다. 특히 offer 메서드로 요소를 추가하고 poll 메서드로 요소를 제거합니다.

필자가 구현한 `WikiCrawler.crawl` 메서드는 다음과 같습니다(파일명: `WikiCrawler.java`).

```java
public String crawl(boolean testing) throws IOException {
    if (queue.isEmpty()) {
        return null;
    }
    String url = queue.poll();
    System.out.println("Crawling " + url);

    if (testing==false && index.isIndexed(url)) {
        System.out.println("Already indexed.");
        return null;
    }

    Elements paragraphs;
    if (testing) {
        paragraphs = wf.readWikipedia(url);
    } else {
        paragraphs = wf.fetchWikipedia(url);
    }
    index.indexPage(url, paragraphs);
    queueInternalLinks(paragraphs);
    return url;
}
```

이 메서드의 복잡도 대부분은 테스트 용이성 때문에 발생합니다. 로직은 다음과 같습니다.

1. 큐가 비어 있으면 페이지를 인덱싱하지 않았다는 증거로 null을 반환합니다.

2. 큐가 비어 있지 않으면 큐에서 다음 URL을 꺼내서 저장합니다.

3. URL이 이미 인덱싱되어 있다면 crawl 메서드는 다시 인덱싱하지 않습니다(테스트 모드 제외).

4. 그다음 페이지의 내용을 읽습니다. 테스트 모드면 파일에서 읽고 아니면 웹에서 읽습니다.

5. 페이지를 인덱싱합니다.

6. 페이지를 파싱하고 내부 링크를 큐에 넣습니다.

7. 마지막으로 인덱싱한 페이지의 URL을 반환합니다.

15.1 레디스 기반 인덱서에서 Index.indexPage 메서드 구현의 해답을 제시하였습니다. 따라서 새로운 메서드는 WikiCrawler.queueInternalLinks뿐입니다.

이 메서드는 서로 다른 인자를 가진 두 개의 버전이 있습니다. 하나는 각 단락의 DOM 트리를 포함하는 Elements 객체를 인자로 받는 메서드고, 다른 하나는 단일 단락을 포함하는 Element 객체를 인자로 받는 메서드입니다.

첫 번째 버전은 단락에 반복문을 실행합니다. 두 번째 버전은 실제 작업을 담당합니다(파일명: WikiCrawler.java).

```java
void queueInternalLinks(Elements paragraphs) {
    for (Element paragraph: paragraphs) {
        queueInternalLinks(paragraph);
    }
}

private void queueInternalLinks(Element paragraph) {
    Elements elts = paragraph.select("a[href]");
    for (Element elt: elts) {
        String relURL = elt.attr("href");

        if (relURL.startsWith("/wiki/")) {
            String absURL = elt.attr("abs:href");
            queue.offer(absURL);
        }
    }
}
```

링크가 '내부'인지 판단하고자 URL이 '/wiki/'로 시작되는지를 검사합니다. 이 작업에 위키피디아의 메타 페이지처럼 인덱싱을 원하지 않는 일부 페이지가 포함될 수 있습니다. 또한 비영어권 언어의 페이지 링크와 같이 인덱싱해야 하는 페이지가 제외될 수도 있습니다. 하지만 이 정도의 단순한 테스트로도 시작하기에는 무리가 없습니다.

이제 거의 다 되었습니다. 이 실습은 새로 만드는 것보다 조각들을 한데 모으는 것이 중요합니다.

16.2 정보 검색

이 프로젝트의 다음 단계는 검색 도구 구현입니다. 필요한 조각들은 다음과 같습니다.

1. 사용자가 검색어를 입력하고 결과를 보는 인터페이스

2. 각 검색어를 가져와서 검색어를 포함하는 페이지를 반환하는 조회 메커니즘

3. 다수의 검색어로부터 검색 결과를 조합하는 메커니즘

4. 검색 결과의 순위와 정렬 알고리즘

이와 같은 동작들은 일반적인 용어로 정보 검색information retrieval이라고 합니다. 자세한 내용은 http://thinkdast.com/infret을 참고하세요.

이 실습에서는 3단계와 4단계에 초점을 맞춥니다. 우리는 이미 단순한 버전의 2단계를 만들었습니다. 웹 응용 프로그램을 만드는 데 관심이 있다면 1단계를 작업해도 좋습니다.

16.3 불리언 검색

대부분 검색 엔진은 불리언 검색boolean search을 수행합니다. 불리언 검색은 불리언 로직을 사용하여 다수의 검색어로부터의 결과를 조합하는 것입니다. 예를 들면 다음과 같습니다.

- 'java AND programming'으로 검색하면 'java'와 'programming' 검색어를 모두 포함한 페이지만 반환해야 합니다.
- 'java OR programming'으로 검색하면 둘 중 한 단어는 포함하지만, 둘 다 포함할 필요는 없습니다.
- 'java –indonesia'로 검색하면 'java'는 포함하지만, 'indonesia'는 포함해서는 안 됩니다.

이처럼 검색어와 연산을 함께 포함한 표현을 '쿼리query'라고 합니다.

검색 결과를 적용할 때 불리언 연산자인 AND와 OR, -은 집합 연산인 교집합(intersection)과 합집합(union), 차집합(difference)에 해당합니다. 예를 들면 다음을 가정합니다.

- s1은 'java'를 포함하는 페이지의 집합입니다.
- s2는 'programming'을 포함하는 페이지의 집합입니다.
- s3는 'indonesia'를 포함하는 페이지의 집합입니다.
- s1과 s2의 교집합은 'java'와(AND) 'programming'을 포함하는 페이지의 집합입니다.
- s1과 s2의 합집합은 'java' 또는(OR) 'programming'을 포함하는 페이지의 집합입니다.
- s1와 s2의 차집합은 'java'는 포함하지만 'indonesia'는 포함하지 않는 페이지의 집합입니다.

다음 절에서는 이러한 연산을 구현해 보겠습니다.

16.4 실습 13

이 책의 코드 저장소에는 다음과 같은 실습 파일들이 있습니다.

- **WikiSearch.java**
  검색 결과를 포함하고 검색 결과를 연산하는 객체를 정의한 파일입니다.
- **WikiSearchTest.java**
  WikiSearch 클래스의 테스트 코드가 있습니다.
- **Card.java**
  java.util.Collections 클래스의 sort 메서드를 사용하는 방법을 보여주는 파일입니다.

앞의 실습에서 사용한 헬퍼 클래스들도 볼 수 있습니다.

다음은 WikiSearch 클래스 정의의 시작 부분입니다(파일명: WikiSearch.java).

```java
public class WikiSearch {

    // 검색어를 포함하는 URL별 관련성 점수의 맵
    private Map<String, Integer> map;

    public WikiSearch(Map<String, Integer> map) {
        this.map = map;
    }

    public Integer getRelevance(String url) {
```

```
            Integer relevance = map.get(url);
            return relevance==null ? 0: relevance;
        }
    }
```

WikiSearch 객체는 URL부터 그들의 관련성 점수까지 맵에 포함합니다. 정보 검색의 관점에서 관련성 점수relevance score는 쿼리에서 추론한 사용자의 요구를 페이지가 얼마나 잘 반영하였는지를 나타낸 수치입니다. 관련성 점수를 매기는 방법은 매우 다양하지만, 대부분은 어떤 페이지에 검색어가 몇 번이나 등장하였는지를 의미하는 용어 빈도term frequency에 기반을 둡니다. 일반적인 관련성 점수는 '용어 빈도-역 문서 빈도term frequency-inverse documents frequency'를 나타내는 TF-IDF입니다. 자세한 내용은 http://thinkdast.com/tfidf를 참고하세요.

나중에 TF-IDF를 구현할 수도 있겠지만, 지금은 훨씬 단순한 TF로 시작합니다.

- 단일 검색어를 포함한 쿼리일 때 페이지의 관련성은 TF입니다. 즉, 페이지에 검색어가 등장한 횟수입니다.
- 다수의 검색어를 포함한 쿼리일 때 페이지의 관련성은 TF의 합입니다. 즉, 검색어가 등장한 총 횟수입니다.

이제 실습을 시작할 준비가 되었습니다. ant build 명령을 실행하여 소스 코드를 컴파일한 다음 ant WikiSearchTest 명령을 실행합니다. 마찬가지로 여러분이 해야 할 작업이 남았기 때문에 테스트는 실패합니다.

WikiSearch.java 파일에서 and와 or, minus 메서드의 내용을 채워서 관련성 시험을 통과해야 합니다. testSort 메서드는 아직 걱정하지 않아도 됩니다.

레디스 데이터베이스에 있는 인덱스에 의존하지 않으므로 제디스를 사용하지 않고 run WikiSearchTest 메서드를 실행합니다. 하지만 여러분의 인덱스에 쿼리를 실행하려면 레디스 서버 정보를 담은 파일을 제공해야 합니다. 자세한 내용은 **14.3 레디스 기반 인덱스 만들기**를 참고하세요

ant JedisMaker 명령을 실행하여 레디스 서버에 접속되는지 확인합니다. 그다음 run WikiSearch 명령을 실행하면 다음 세 개 쿼리의 결과를 출력합니다.

- "java"
- "programming"
- "java AND programming"

WikiSearch.sort 메서드가 불완전해서 초기에는 결과에 특별한 순서가 없습니다.

sort 메서드의 내용을 채워서 관련성이 높은 순서로 결과를 반환하게 합니다. 어떤 종류의 List 객체를 정렬할 때는 java.util.Collections 클래스의 sort 메서드를 사용하시기 바랍니다. 자세한 내용은 http://thinkdast.com/collections 문서를 참고하세요.

Collections.sort 메서드는 두 가지 버전이 있습니다.

- 인자가 1개인 버전은 List 객체를 인자로 받고 compareTo 메서드를 호출하여 요소를 정렬합니다. 이때 요소들은 Comparable 인터페이스를 구현해야 합니다.
- 인자가 2개인 버전은 List 객체와 Comparator 객체를 인자로 받습니다. Comparator 객체는 요소를 비교하는 compare 메서드를 제공합니다.

Comparable과 Comparator 인터페이스에 익숙하지 않으면 다음 절을 참고하기 바랍니다.

16.5 Comparable과 Comparator

이 책의 코드 저장소에는 Card.java 파일이 있습니다. 이 파일은 Card 객체의 리스트를 정렬하는 두 가지 방법을 보여줍니다. 클래스 정의의 시작 부분은 다음과 같습니다(파일명: Card.java).

```java
public class Card implements Comparable<Card> {

    private final int rank;
    private final int suit;

    public Card(int rank, int suit) {
        this.rank = rank;
        this.suit = suit;
    }
```

Card 객체에는 rank와 suit라는 두 개의 정수 필드가 있습니다. Card 클래스는 Comparable <Card> 인터페이스를 구현하여 compareTo 메서드를 제공합니다(파일명: Card.java).

```java
public int compareTo(Card that) {
    if (this.suit < that.suit) {
```

```
            return -1;
        }
        if (this.suit > that.suit) {
            return 1;
        }
        if (this.rank < that.rank) {
            return -1;
        }
        if (this.rank > that.rank) {
            return 1;
        }
        return 0;
    }
```

compareTo 메서드의 명세에는 this가 that보다 작으면 음수를 반환하고, this가 더 크면 양수를 반환하고, 두 개가 같으면 0을 반환하게 되어 있습니다.

인자가 1개인 Collections.sort 메서드를 사용한다면 리스트에 있는 요소 객체가 제공하는 compareTo 메서드를 호출하여 리스트를 정렬합니다. 예를 들어, 다음과 같이 52개의 카드 리스트를 만들 수 있습니다(파일명: Card.java).

```
public static List<Card> makeDeck() {
    List<Card> cards = new ArrayList<Card>();
    for (int suit = 0; suit <= 3; suit++) {
        for (int rank = 1; rank <= 13; rank++) {
            Card card = new Card(rank, suit);
            cards.add(card);
        }
    }
    return cards;
}
```

카드를 다음과 같이 정렬합니다(파일명: Card.java).

```
Collections.sort(cards);
```

앞의 sort 메서드는 객체 자체에서 순서를 결정하므로 '자연 순서natural order'로 요소를 정렬합니다.

하지만 Comparator 객체를 주입하여 다른 순서로 정렬할 수도 있습니다. 예를 들어, Card 객체의 자연 순서에서는 에이스ace가 가장 낮은 등급이지만, 어떤 카드 게임에서는 가장 높은 등급이 되기도 합니다. 이렇게 '에이스를 최상'에 놓는 Comparator 객체를 정의할 수도 있습니다 (파일명: Card.java).

```java
Comparator<Card> comparator = new Comparator<Card>() {
    @Override
    public int compare(Card card1, Card card2) {
        if (card1.getSuit() < card2.getSuit()) {
            return -1;
        }
        if (card1.getSuit() > card2.getSuit()) {
            return 1;
        }
        int rank1 = getRankAceHigh(card1);
        int rank2 = getRankAceHigh(card2);

        if (rank1 < rank2) {
            return -1;
        }
        if (rank1 > rank2) {
            return 1;
        }
        return 0;
    }

    private int getRankAceHigh(Card card) {
        int rank = card.getRank();
        if (rank == 1) {
            return 14;
        } else {
            return rank;
        }
    }
};
```

이 코드는 필요에 따라 익명 클래스를 정의하여 compare 메서드를 구현합니다. 그리고 새롭게 정의된 이름 없는 클래스unnamed class의 인스턴스를 생성합니다. 자바의 익명 클래스에 익숙하지 않다면 http://thinkdast.com/anonclass를 참고하세요.

이 Comparator 객체를 사용하면 sort 메서드를 다음과 같이 호출할 수 있습니다(파일명: Card. java).

```
Collections.sort(cards, comparator);
```

이 순서에서 스페이드 에이스는 덱[1]에서 최상위 등급이고, 클로버 2가 최하위 등급입니다.

이 절에 있는 코드는 Card.java 파일에 있으니 자유롭게 실험해 보기 바랍니다. 예를 들어, 비교 순서를 바꾸어 숫자(rank)을 먼저 정렬한 다음 모양(suit)으로 정렬하는 Comparator도 만들어 볼 수 있습니다. 이때는 모든 에이스가 함께 모이고 모든 2도 모이게 됩니다.

16.6 확장

실습의 기본 버전이 잘 돌아간다면 여러분은 다음과 같은 선택 사항에 도전해볼 수 있습니다.

- http://thinkdast.com/tfidf를 참고하여 TF-IDF를 공부하고 구현해 봅니다. JedisIndex 클래스를 고쳐 문서 빈도를 계산해야 합니다. 즉, 각 검색어가 인덱스에 있는 모든 페이지에 등장한 총 횟수입니다.

- 둘 이상의 검색어를 포함한 쿼리에 대해 각 페이지의 총 관련성은 현재 각 단어 관련성 점수의 합으로 되어 있습니다. 이런 단순한 버전이 맞지 않을 때를 생각해 보고 그에 대한 대안을 마련해 보세요.

- 사용자가 불리언 연산자를 이용하여 쿼리를 입력할 수 있는 사용자 인터페이스를 만들어 보세요. 쿼리를 파싱하고 결과를 생성한 다음 결과를 관련성에 따라 정렬하고 가장 점수가 높은 URL을 표시합니다. 페이지에서 검색어가 등장하는 위치를 보여주는 코드를 만들어 보세요. 사용자 인터페이스용 웹 응용 프로그램을 구현한다면 헤로쿠[Heroku]를 검토해 보세요. 자바 기반의 웹 응용 프로그램을 개발하고 배포할 수 있게 도와줍니다. 자세한 내용은 http://thinkdast.com/heroku를 참고하세요.

....
1 옮긴이주_카드 한 벌을 가리킵니다.

CHAPTER 17

정렬

컴퓨터과학 학부에서는 정렬 알고리즘에 바람직하지 않은 집착을 보입니다. 컴퓨터과학 학부 생들이 이 주제에 소비하는 시간에 근거하면 정렬 알고리즘을 고르는 것이 현대 소프트웨어 공학의 초석이 되어야 할 것입니다. 물론 실제로는 소프트웨어 개발자들이 수년 또는 경력 전반에 걸쳐 정렬이 어떻게 동작하는지 생각조차 하지 않을 수도 있습니다. 대부분 응용 프로그램에서 개발자는 그들이 사용하는 언어나 라이브러리에서 제공하는 범용 알고리즘을 사용합니다. 그리고 대부분 잘 동작합니다.

따라서 이 장을 건너뛰고 정렬 알고리즘을 전혀 배우지 않아도 훌륭한 개발자가 될 수 있습니다. 하지만 그래도 여러분이 정렬 알고리즘을 배워야 할 몇 가지 이유가 있습니다.

1. 대다수 응용 프로그램에서 잘 돌아가는 범용 알고리즘이 있지만, 여러분이 알아두어야 할 두 개의 특수 목적 알고리즘이 있습니다. 이 둘은 기수 정렬radix sort과 제한된 힙 정렬bounded heap sort입니다.

2. 정렬 알고리즘의 하나인 병합 정렬merge sort은 교육용으로 훌륭한 예인데, 이는 알고리즘 설계에서 중요하고 유용한 전략인 분할 정복법divide-conquer-glue을 보여주기 때문입니다. 또한 알고리즘 성능을 분석할 때 보지 못한 선형 로그linearithmic라는 증가 차수를 배우게 됩니다. 마지막으로 가장 널리 사용하는 알고리즘의 일부는 병합 정렬의 요소들을 포함하는 혼합체hybrid입니다.

3. 정렬 알고리즘을 배우는 또 다른 이유는 기술 면접관들이 이에 관해 질문하기를 좋아하기 때문입니다. 채용되고 싶다면 컴퓨터과학적 지식을 갖추고 있음을 보여주는 것이 도움이 됩니다.

따라서 이 장에서는 삽입 정렬insertion sort을 분석하고 병합 정렬을 구현합니다. 기수 정렬을 소개하고 간단한 버전의 제한된 힙 정렬을 구현해 봅니다.

17.1 삽입 정렬

설명하고 구현하기가 쉬운 삽입 정렬부터 시작합니다. 삽입 정렬이 그다지 효율적이지는 않지만, 이를 보완하는 몇 가지 특징이 있습니다.

여기서 알고리즘 자체를 설명하기보다는 http://thinkdast.com/insertsort에 있는 삽입 정렬에 관한 위키피디아 페이지를 읽어 보기를 권합니다. 이 페이지에는 의사 코드pseudocode와 예제가 있습니다. 전반적인 내용을 파악하면 이 책으로 다시 돌아오세요.

다음은 자바로 구현한 삽입 정렬입니다(파일명: ListSorter.java).

```java
public class ListSorter<T> {

    public void insertionSort(List<T> list, Comparator<T> comparator) {

        for (int i=1; i < list.size(); i++) {
            T elt_i = list.get(i);
            int j = i;
            while (j > 0) {
                T elt_j = list.get(j-1);
                if (comparator.compare(elt_i, elt_j) >= 0) {
                    break;
                }
                list.set(j, elt_j);
                j--;
            }
            list.set(j, elt_i);
        }
    }
}
```

ListSorter 클래스는 정렬 알고리즘을 담는 컨테이너입니다. 타입 파라미터 T를 사용하여 객체 타입을 포함하는 리스트를 정렬하는 메서드를 작성할 수 있습니다.

insertionSort 메서드는 두 개의 인자를 받는데, 객체를 요소로 갖는 List 객체와 타입 T 객체를 비교하는 방법을 담은 Comparator 객체입니다. 그 자리에서(in place)에서 리스트를 정렬하는데, 이는 새로운 공간을 할당하지 않고 현재 리스트를 고친다는 의미입니다.

다음은 Integer 객체의 List로 insertionSort 메서드를 호출하는 예제입니다(파일명: ListSorter.java).

```java
List<Integer> list = new ArrayList<Integer>(
    Arrays.asList(3, 5, 1, 4, 2));

Comparator<Integer> comparator = new Comparator<Integer>() {
    @Override
    public int compare(Integer elt1, Integer elt2) {
        return elt1.compareTo(elt2);
    }
};

ListSorter<Integer> sorter = new ListSorter<Integer>();
sorter.insertionSort(list, comparator);
System.out.println(list);
```

insertionSort 메서드에는 두 개의 중첩된 반복문이 있습니다. 따라서 실행시간은 이차로 추측할 수 있습니다. 이 경우 추측이 맞지만, 바로 결론으로 넘어가기 전에 각 반복문의 실행 횟수가 배열의 크기인 n에 비례하는지 살펴봐야 합니다.

외부 반복문은 1에서 list.size( )까지 반복합니다. 따라서 리스트 크기인 n에 선형적입니다. 내부 반복문은 i에서 0까지 반복하므로 이것도 n에 선형적입니다. 따라서 중첩된 내부 반복문의 총 실행 횟수는 이차입니다.

확신하지 못하겠다면 다음 내용을 생각해 보세요.

- 첫 번째, i = 1이고 내부 반복문은 한 번만 실행합니다.
- 두 번째, i = 2고 내부 반복문은 최대 2번 실행합니다.
- 마지막으로, i = n−1이고 내부 반복문은 최대 n−1번 실행합니다.

따라서 내부 반복문의 총 실행 횟수는 1, 2, … , n-1 수열의 합인 n(n-1)/2가 되고, 이 식의 최대 차수는 n^2이 됩니다.

최악일 때 삽입 정렬은 이차지만, 다음과 같은 특징이 있습니다.

1. 요소가 이미 정렬되어 있거나 거의 정렬되어 있으면 삽입 정렬은 선형입니다. 특히 각 요소가 있어야 하는 자리 기준 k 이하의 위치에 있다면 내부 반복문은 k번 이하로 동작하게 되고 전체 실행시간은 O(kn)이 됩니다.

2. 구현이 단순하므로 오버헤드overhead가 작습니다. 즉, 실행시간은 an^2이지만 최대 차수의 계수인 a는 아마도 작을 것입니다.

따라서 배열이 거의 정렬되어 있거나 별로 크지 않다면 삽입 정렬은 좋은 선택이 됩니다. 하지만 큰 배열에서는 더 좋은 방법들이 있습니다. 사실은 훨씬 더 좋은 방법입니다.

17.2 실습 14

병합 정렬은 실행시간이 이차보다 좋은 알고리즘의 하나입니다. 여기에서도 알고리즘 자체를 설명하기보다 http://thinkdast.com/mergesort 문서를 읽어보기 바랍니다. 어떤 내용인지 알게 되면 돌아와서 실제로 구현해 보면서 이해한 내용을 확인해 보기 바랍니다.

이 책의 코드 저장소에는 실습을 위한 다음 소스 파일이 있습니다.

- ListSorter.java
- ListSorterTest.java

ant build 명령을 실행하여 소스 코드를 컴파일하고 ant ListSorterTest 명령을 실행합니다. 앞에서와 마찬가지로 할 일이 남아 있어서 테스트는 실패합니다.

ListSorter.java 파일에는 mergeSortInPlace와 mergeSort 메서드의 개요가 나와 있습니다.

```
public void mergeSortInPlace(List<T> list, Comparator<T> comparator) {
    List<T> sorted = mergeSort(list, comparator);
```

```
        list.clear();
        list.addAll(sorted);
    }

    private List<T> mergeSort(List<T> list, Comparator<T> comparator) {
        // TODO: 여기를 채우세요!
        return null;
    }
```

이 두 메서드는 같은 일을 하지만 인터페이스가 다릅니다. mergeSort 메서드는 리스트를 인자로 받아 오름차순으로 정렬된 동일한 요소의 새로운 리스트를 반환합니다. mergeSortInPlace 메서드는 void 메서드로 현재 리스트를 수정합니다.

여러분이 mergeSort 메서드를 채워야 합니다. 병합 정렬을 완전히 재귀적으로 구현하기 전에 다음을 해보기 바랍니다.

1. 리스트를 반으로 나눕니다.

2. Collections.sort 또는 insertionSort 메서드를 호출하여 반으로 나눈 리스트들을 정렬합니다.

3. 정렬된 절반의 리스트들을 완전히 정렬된 리스트로 병합합니다.

이렇게 하면 재귀 메서드의 복잡도를 다룰 필요 없이 병합하는 코드를 디버깅할 수 있습니다.

다음으로 기저 사례를 추가합니다(http://thinkdast.com/basecase 참고). 리스트에 요소가 한 개뿐이라면 이미 정렬되어 있으므로 바로 반환하면 됩니다. 또는 리스트의 길이가 어떤 임계치보다 낮으면 Collections.sort나 insertionSort 메서드를 호출하여 정렬합니다. 더 진행하기 전에 기저 사례를 테스트해 보세요.

마지막으로 여러분의 해답을 고쳐 배열의 절반들을 정렬하는 두 개의 재귀적 호출로 바꿔보세요. 고친 해답이 동작하면 ListSorterTest 클래스에 있는 testMergeSort와 testMergeSortInPlace 메서드가 테스트를 통과합니다.

17.3 병합 정렬 분석

병합 정렬의 실행시간을 분류하려면 재귀 수준과 수준별로 수행하는 작업량을 생각해 보아야 합니다. n개의 요소를 포함하는 리스트로 시작한다고 가정합니다. 알고리즘의 단계는 다음과 같습니다.

1. 두 개의 새로운 배열을 만들고 요소의 반쪽씩 각각 복사합니다.

2. 두 개의 반쪽들을 정렬합니다.

3. 반쪽들을 병합합니다.

다음은 이러한 단계를 그림으로 보여줍니다.

그림 17-1 병합 정렬의 첫 번째 재귀 수준

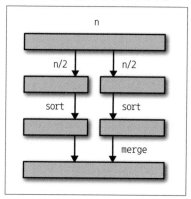

첫 번째 단계에서는 각 요소를 한 번 복사합니다. 따라서 선형입니다. 세 번째 단계에서도 각 요소를 한 번 복사하므로 선형입니다. 이제 두 번째 단계의 복잡도를 계산해야 합니다. 복잡도를 계산하려면 다음 그림처럼 재귀 수준을 보여주는 다른 계산 그림에 주목해야 합니다.

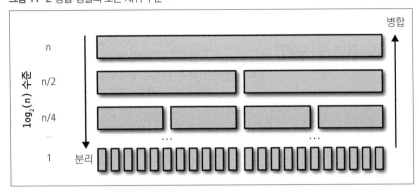

그림 17-2 병합 정렬의 모든 재귀 수준

최상위 수준에는 n개 요소를 갖는 1개의 리스트가 있습니다. 단순하게 n을 2의 제곱으로 가정합니다. 다음 수준에는 n/2개의 요소를 갖는 2개의 리스트가 있습니다. 그다음 n/4개의 요소를 갖는 4개의 리스트가 있고, 이렇게 1개의 요소를 갖는 n개의 리스트까지 계속합니다.

모든 수준에는 총 n개의 요소가 있습니다. 내려가면서 배열을 반으로 나누어야 하는데, 이때 모든 수준에서 n에 비례하는 시간이 걸립니다. 돌아올 때는 총 n개의 요소를 병합해야 하며 이 것은 또한 선형입니다.

수준의 개수가 h라면 알고리즘의 전체 작업량은 $O(nh)$입니다. 따라서 얼마나 많은 수준이 있을까요? 다음과 같이 두 가지 방법을 생각할 수 있습니다.

1. 1로 가기까지 n을 몇 번이나 반으로 나누어야 할까?

2. 1에서 n으로 돌아가기 위해 2배를 몇 번이나 해야 할까?

두 번째 질문에 대한 다른 방법은 'n은 2의 몇 제곱일까?'입니다.

$$2^h = n$$

양쪽을 2로 로그를 씌우면 다음과 같습니다.

$$h = \log_2 n$$

전체 시간은 $O(n \log n)$이 됩니다. 서로 다른 밑을 갖는 로그는 상수 인자에 따라 다르므로 로그의 밑을 쓰느라 괴롭히지는 않겠습니다. 따라서 모든 로그는 같은 증가 차수를 갖습니다.

O(n log n)의 알고리즘은 때때로 선형 로그라고 부릅니다. 하지만 대부분의 사람은 단순하게 'n log n'이라고 합니다.

O(n log n)은 요소들을 서로 비교하여 작동하는 정렬 알고리즘의 이론적 하한선으로 알려져 있습니다. 즉, 비교 정렬comparison sort 중에는 n log n보다 좋은 증가 차수가 없다는 뜻입니다. 자세한 내용은 http://thinkdast.com/compsort를 참고하세요.

하지만 다음 절에는 선형 시간이 걸리는 비교하지 않는 정렬을 만나게 됩니다.

17.4 기수 정렬

2008년 미국 대통령 선거에서 버락 오바마 후보가 구글을 방문하였을 때 즉석에서 알고리즘 분석에 관한 질문을 받았습니다. CEO 에릭 슈밋Eric Schmidt은 '백만 개의 32비트 정수를 정렬하는 가장 효율적인 방법'에 관해 농담처럼 물었습니다. 귀띔을 받았겠지만, 오바바 후보는 "제 생각에는 버블 정렬이 잘못된 방법입니다."라고 답하였습니다. 자세한 내용은 http://thinkdast.com/obama를 참고하세요.

오바마가 옳았습니다. 버블 정렬bubble sort은 개념상 단순하지만 실행시간은 이차입니다. 이차 중에서도 성능이 가장 안 좋습니다. 자세한 내용은 http://thinkdast.com/bubble을 참고하세요.

슈미트가 생각한 답은 아마도 '기수 정렬'이었을 것입니다. 이것은 비교하지 않는non-comparison 정렬 알고리즘으로, 요소의 크기가 32bit 정수 또는 20 캐릭터 문자열과 같이 제한된 경우에 동작합니다.

이것이 어떻게 동작하는지 알기 위해 각 카드에 3글자 단어가 있는 인덱스 카드의 스택을 상상해 봅시다. 카드를 정렬하는 방법은 다음과 같습니다.

1. 첫 번째 글자를 기준으로 버킷bucket에 나눕니다. 따라서 a로 시작하는 단어들은 같은 버킷에 있습니다. 그다음 버킷은 b로 시작합니다. 나머지도 동일합니다.

2. 다시 두 번째 글자를 기준으로 각 버킷을 나눕니다. 따라서 aa로 시작하는 단어가 함께 있고 그다음은 ab 등으로 이어집니다. 물론 모든 버킷이 가득 찬 것은 아니지만, 괜찮습니다.

3. 다시 세 번째 글자를 기준으로 각 버킷을 나눕니다.

이제 각 버킷은 한 개의 요소가 있고 오름차순으로 정렬됩니다. 다음 그림은 3글자로 된 단어의 예를 보여줍니다.

그림 17-3 3글자 단어의 기수 정렬 예

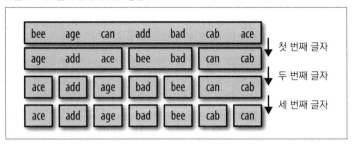

첫 번째 행은 정렬하기 전 상태입니다. 두 번째 행은 첫 번째 패스pass 후 버킷 상태를 보여줍니다. 각 버킷에 있는 단어는 같은 글자로 시작합니다.

두 번째 패스 후 각 버킷에는 같은 두 글자로 시작하는 단어가 있습니다. 세 번째 패스 후 각 버킷에는 오직 한 개의 단어만 있고 버킷은 정렬되어 있습니다.

각 패스에서 요소에 반복문을 실행하고 버킷에 추가합니다. 요소를 버킷에 추가하는 연산이 상수 시간인 한 각 단계는 선형입니다.

w라는 패스의 수는 단어의 너비에 의존하지만, 단어의 개수인 n에는 의존하지 않습니다. 따라서 증가 차수는 $O(wn)$으로, n에 선형입니다.

기수 정렬에는 다양한 변형이 있고 각각을 구현하는 방식도 다양합니다. 자세한 내용은 http://thinkdast.com/radix를 참고하세요. 실습의 선택 사항으로 기수 정렬 버전 작성도 고려해 보세요.

17.5 힙 정렬

제한된 크기의 요소를 정렬하는 기수 정렬에 더하여 제한된 힙 정렬이라는 또 하나의 특수 목적 정렬 알고리즘이 있습니다. 제한된 힙 정렬은 매우 큰 데이터셋에서 '상위 10'개 또는 '상위 k'개를 보고하는 데 유용합니다. 이때 k는 n보다 훨씬 작아야 합니다.

예를 들어, 하루당 10억 트랜잭션을 다루는 웹 서비스를 모니터링한다고 가정해 봅시다. 하루가 끝나면 규모가 가장 큰 (또는 가장 느리거나 다른 어떤 최상급) k개의 트랜잭션을 보고하길 원합니다. 한 가지 선택은 모든 트랜잭션을 저장하고 하루가 끝났을 때 그들을 정렬하여 상위 k개를 고르는 것입니다. 실행시간은 n log n에 비례하며 단일 프로그램 메모리에 10억 트랜잭션을 적재할 수 없기 때문에 매우 느립니다. 여러분은 코어 외부의 정렬 알고리즘을 사용해야 합니다. 외부 정렬에 대해서는 http://thinkdast.com/extsort를 참고하세요.

제한된 힙 정렬을 사용하면 훨씬 더 잘 할 수 있습니다. 진행 절차는 다음과 같습니다.

1. 필자가 (무제한의) 힙 정렬을 설명합니다.

2. 여러분이 설명한 힙 정렬을 구현합니다.

3. 필자가 제한된 힙 정렬을 설명하고 성능을 분석합니다.

힙 정렬을 이해하려면 먼저 이진 탐색 트리(BST)와 유사한 자료구조인 힙^{heap}을 이해해야 합니다. 둘의 다른 점은 다음과 같습니다.

- BST에서 모든 노드인 x는 'BST 속성'을 갖습니다. 즉, x의 왼쪽 하위 트리에 있는 모든 노드는 x보다 작고 오른쪽 하위 트리의 노드는 x보다 큽니다.
- 힙에서 모든 노드인 x는 '힙 속성'을 갖습니다. x의 양측 하위 트리의 노드는 모두 x보다 큽니다.
- 힙은 균형 BST와 같습니다. 요소를 추가하거나 제거하면 힙은 트리의 균형을 맞추는 작업을 추가로 합니다. 결과적으로 요소의 배열을 사용하여 힙을 효율적으로 구현할 수 있습니다.

힙에 있는 가장 작은 요소는 항상 루트에 있고 상수 시간으로 찾을 수 있습니다. 힙에서 요소를 추가하거나 제거하는 시간은 트리의 높이인 h에 비례합니다. 힙은 항상 균형 있기 때문에 h는 log n에 비례합니다. 힙에 관한 자세한 내용은 http://thinkdast.com/heap을 참고하세요.

자바의 PriorityQueue 클래스는 힙으로 구현되어 있으며 Queue 인터페이스에 정의된 offer와 poll 메서드를 제공합니다.

- **offer**
  큐에 요소를 추가하며 모든 노드가 '힙 속성'을 갖도록 힙을 갱신합니다. 실행시간은 log n입니다.
- **poll**
  루트로부터 큐에서 가장 작은 요소를 제거하고 힙을 갱신합니다. 실행시간은 log n입니다.

PriorityQueue 객체가 주어지면 다음과 같이 n개 요소의 컬렉션을 손쉽게 정렬할 수 있습니다.

1. offer 메서드를 호출하여 PrioriyQueue 객체에 컬렉션의 모든 요소를 추가합니다.

2. poll 메서드를 호출하여 큐에서 요소들을 제거하고 List에 요소들을 추가합니다.

poll 메서드는 큐에 남아 있는 가장 작은 요소들을 반환하므로 요소는 오름차순으로 List에 추가됩니다. 이러한 방식의 정렬을 힙 정렬$^{heap\ sort}$이라고 합니다. 자세한 내용은 http://thinkdast.com/heapsort를 참고하세요.

큐에 n 개의 요소를 추가하는 것은 n log n 시간이 걸립니다. n개의 요소를 제거하는 것도 마찬가지입니다. 따라서 힙 정렬의 실행시간은 O(n log n)입니다.

이 책의 코드 저장소에 있는 ListSorter.java 파일에는 heapSort 메서드의 개요가 들어 있습니다. 내용을 채우고 ant ListSorterTest 명령을 실행하여 정상 동작하는지 확인하세요.

17.6 제한된 힙 정렬

제한된 힙은 최대 k개의 요소만 담을 수 있는 힙입니다. n개의 요소가 있다면 다음과 같이 k개의 가장 큰 요소를 추적할 수 있습니다.

초기에 힙은 비어 있습니다. 각 요소인 x에 대해 다음을 수행합니다.

- **분기 1** 힙이 가득 차지 않았으면 x를 힙에 추가합니다.
- **분기 2** 힙이 가득 차면 x를 힙의 가장 작은 요소와 비교합니다. x가 더 작으면 x는 상위 k개의 요소가 될 수 없으므로 버립니다.
- **분기 3** 힙이 가득 차고 x가 힙의 가장 작은 요소보다 크면 힙에서 가장 작은 요소를 제거하고 x를 추가합니다.

최상위 가장 작은 요소를 가진 힙을 사용하면 상위 k 개의 요소를 추적할 수 있습니다. 이 알고리즘의 성능을 분석해 봅시다. 각 요소에 대해 다음 중 한 가지 연산을 실행합니다.

- **분기 1** 힙에 어떤 요소를 더하는 것은 O(log k)입니다.
- **분기 2** 힙에서 가장 작은 요소를 찾는 것은 O(1)입니다.
- **분기 3** 가장 작은 요소를 제거하는 것은 O(log k)입니다. x를 추가하는 것도 O(log k)입니다.

최악의 상황에서 요소가 오름차순으로 정렬되었다면 항상 분기 3을 실행합니다. 이때 n개 요소를 처리하는 총 시간은 $O(n \log k)$이고 n에 선형입니다.

ListSorter.java 파일에 List와 Comparator 객체를 인자로 받은 topK 메서드의 개요가 있습니다. 이 메서드는 List에 있는 가장 큰 상위 k의 요소를 오름차순으로 반환해야 합니다. 내용을 채우고 ant ListSorterTest 명령을 실행하여 정상 동작하는지 확인하세요.

17.7 공간 복잡도

지금까지 우리는 실행시간 분석에 관해 많은 이야기를 하였습니다. 하지만 많은 알고리즘에서는 공간에 대해서도 고민해야 합니다. 예를 들어, 병합 정렬의 단점 중 하나는 데이터의 복사본을 만든다는 것입니다. 우리의 구현에서 할당하는 총 공간은 $O(n \log n)$입니다. 좀 더 똑똑한 구현이라면 공간 요구사항을 $O(n)$까지 낮출 수 있습니다.

대조적으로 삽입 정렬은 그 자리에서 바로 요소를 정렬하기 때문에 데이터를 복사하지 않습니다. 임시 변수들을 사용하여 한 번에 두 개의 요소를 비교하고 몇 개의 다른 지역 변수를 사용합니다. 하지만 공간적으로 개수의 크기(n)에 의존하지는 않습니다.

우리의 힙 정렬 구현은 요소를 저장하고자 새로운 PriorityQueue 객체를 생성하므로 공간은 $O(n)$입니다. 하지만 리스트를 그 자리에서 바로 정렬하면 $O(1)$ 공간에서 힙 정렬을 실행할 수 있습니다.

바로 앞에서 구현한 제한된 힙 정렬의 장점 중 하나는 k(추적하는 요소의 개수)에 비례하는 공간만 필요하다는 점입니다. k는 대부분 n보다 훨씬 작습니다.

소프트웨어 개발자는 대부분 응용 프로그램에서 가능한 공간보다는 실행시간에 좀 더 많은 관심을 두어야 합니다. 하지만 대규모 데이터셋일 때는 공간도 실행시간만큼 중요한 요소가 됩니다. 예를 들면 다음과 같습니다.

1. 데이터셋을 단일 프로그램의 메모리에 모두 담을 수 없다면 실행시간은 종종 급격히 늘어나거나 아예 실행할 수가 없습니다. 적은 공간이 필요한 알고리즘을 선택하고 메모리에서 계산하기에 적합하게 만들 수 있으면 실행 속도는 훨씬 빨라집니다. 같은 논리로 적은

공간을 사용하는 프로그램은 CPU 캐시를 더 잘 활용하고 더 빠르게 실행할 수 있습니다. 자세한 내용은 http://thinkdast.com/cache를 참고하세요.

2. 동시에 다수의 프로그램을 실행하는 서버에서 각 프로그램에 필요한 공간을 줄일 수 있다면 같은 서버에서 더 많은 프로그램을 실행할 수 있게 됩니다. 즉, 하드웨어와 에너지 비용을 줄일 수 있습니다.

따라서 이러한 이유로 알고리즘의 공간 요구에 대해서도 최소한은 알아야 합니다.

INDEX

INDEX

INDEX